英語学モノグラフシリーズ 4

原口庄輔／中島平三／中村　捷／河上誓作　編

補　文　構　造

槙原　和生
松山　哲也　著

研 究 社 出 版

まえがき

　動詞の補部として生じる従属節——補文 (complement clause)——の問題は，どの種の文法でも多くの関心が向けられている．学校文法や伝統文法では文型や動詞の分類との関係で論じられており，初期生成文法でも今日では古典的名著となっている Lees の *The Grammar of English Nominalization* (1963) や Rosenbaum の *The Grammar of English Predicate Complement Constructions* (1967) などで，いち早く取り上げられた．本書の理論的枠組みである最近の生成理論においても，また本シリーズのもう1つの大きな柱である認知言語学においても，やはり補文の問題に多大な関心が払われている．

　生成文法が補文の問題に多くの関心を向けてきた理由の1つは，このテーマが生成文法のアプローチの有効性を示す格好の材料を提供してくれるからである．表面的に見ると同一の文型として分類される構文でも，補文の内部でさまざまな統語的相違が見られる．初期の生成文法ではその原因を，深層構造と派生過程で用いられる変形規則の相違という点から説明を試みることにより，生成文法の特徴的な考え方である深層構造と変形規則の有用性を示すことができた．最近の生成文法では，変形規則による派生の役割がやや後退しているが，依然として，類似した文型の間に見られるさまざまな統語的相違を，その背後にある統語構造の相違に基づいて説明することにより，統語現象の説明における統語構造の重要性を説得的に示すことができる．

　本書では，第1章で節の構造が概説された後に，第2章では定形の平叙節および疑問節から成る補文（定形補文）が，また第3, 4章では不定詞節や動名詞節，分詞節など非定形の補文（非定形補文）がそれぞれ取り上げられる．さらに第5章では定形と非定形の両方の特徴が見られる仮定法補文

について論じられる．それらの補文について，まず興味ある事実がなるべく広範に，丁寧に記述される．補文における統語的振る舞いの相違に基づいて主文動詞(形容詞，名詞)をいくつかのグループに分類し，各グループに見られる統語的事実を，統語構造，とりわけ補文の統語範疇と内部構造の観点から説明しようと試みる．いずれの章にも共通して，統語構造の画定を動詞の項構造 (argument structure) およびそこで言及されている θ 役 (θ-role) の点から導き出すことに努めている．

　本書全体から，統語現象を説明するのには，表面的な形式の背後にある抽象的な統語構造が重要であるという，生成文法の基本的な考え方が納得できることであろう．また本シリーズの執筆方針である，興味深い英語の事実を平明に記述・説明するという方針が具体的に実現されているものと思われる．

　執筆は桒原が第 1, 2, 4 (4.1), 5 章，松山が第 3, 4 (4.2, 4.3) 章をそれぞれ担当し，両者の原稿が出来上がった段階で相互に交換し，1 冊の著書としての統一に心掛けた．本巻が，どの文法的枠組みにとっても関心の深い補文の研究に新たな一石を投じることができれば，シリーズ編者としてこの上ない幸いである．

2001 年 3 月

編　　者

目　　次

まえがき　iii

第1章　文の基本構造 ── 1
1.1　句　構　造　1
1.2　句構造の一般特性　3
　1.2.1　X′理　論　3
　1.2.2　文の内部構造　8
　1.2.3　従属節の構造　9
1.3　文構造と語彙特性の投射　11
　1.3.1　D構造とS構造　11
　1.3.2　統語構造に反映される語彙特性　12

第2章　定形補文 ── 15
2.1　定形補文の種類とその基本構造　15
2.2　That節補文　18
　2.2.1　動詞，形容詞，名詞に続くThat節　18
　2.2.2　That節と名詞句の分布制限　21
　2.2.3　発話様態動詞のThat節　27
2.3　That節補文とゼロThat節補文の構造　31
　2.3.1　補文標識Thatの省略　31
　2.3.2　Stowell (1981) の分析　32
　2.3.3　IP補文としてのゼロThat節　37
　2.3.4　IP補文に課せられる認可条件　39

2.4　間接疑問文　41
　2.4.1　間接疑問文の基本構造　41
　2.4.2　疑問文の意味的特徴　44
　2.4.3　潜伏疑問文　47
　2.4.4　Whether 節と If 節の分布制限　49
　2.4.5　Whether 節と If 節の構造　51
2.5　間接感嘆文　56
　2.5.1　感嘆節の諸特徴とその構造　56
　2.5.2　潜伏感嘆文　61

第3章　不定詞補文 ——————————— 65

3.1　はじめに　65
　3.1.1　不定詞補文の特性　65
　3.1.2　不定詞補文の種類とその分布　69
3.2　「to VP」型補文　70
　3.2.1　主語繰上げ動詞 vs. 主語コントロール動詞　70
　3.2.2　繰上げとコントロールの区別の有効性　77
　3.2.3　補文の範疇と CSR　78
　3.2.4　Claim 類の「to VP」型補文　82
　3.2.5　Begin 類の「to VP」型補文　84
　3.2.6　繰上げ動詞と文主語　87
　3.2.7　ま　と　め　89
3.3　「NP to VP」型補文　90
　3.3.1　Believe 類 vs. Persuade 類　91
　3.3.2　Believe 類と Persuade 類のさらなる相違　94
　3.3.3　Believe 類 / Persuade 類の補文と CSR　97
　3.3.4　対格主語の構造的位置　99
　3.3.5　Want 類の「NP to VP」型補文　106

3.3.6　Wager 類の不定詞補文　　111
　　　3.3.7　Hope 類の不定詞補文と CSR　　115
　　　3.3.8　ま　と　め　　118
　3.4　「NP VP」型補文　　119
　　　3.4.1　直接知覚補文　　120
　　　3.4.2　知覚裸不定詞補文の内部構造　　121
　　　3.4.3　Make / Have の裸不定詞補文　　124
　　　3.4.4　Let の裸不定詞補文　　127
　3.5　形容詞不定詞補文　　129
　　　3.5.1　Eager 類 vs. Sorry 類　　130
　　　3.5.2　Tough 構文　　133
　　　3.5.3　Pretty 構文の諸特性　　137
　　　3.5.4　主語繰上げ形容詞　　139
　3.6　名詞が導く不定詞補文　　140

第 4 章　小節補文，動名詞補文，分詞補文 ── 143
　4.1　Believe 類，Want 類の小節補文　　143
　4.2　動名詞補文　　149
　　　4.2.1　動名詞の基本的性質とそのタイプ　　149
　　　4.2.2　所有格動名詞の内部構造　　150
　　　4.2.3　対格動名詞の内部構造　　153
　　　4.2.4　対格動名詞補文の主語と格付与　　155
　4.3　分　詞　文　　157
　　　4.3.1　知覚動詞の -ing 分詞補文の内部構造　　158
　　　4.3.2　知覚動詞の -ed 分詞補文の内部構造　　164

第 5 章　仮　定　法　節 ── 167
　5.1　仮定法節の基本特徴　　167

5.2　仮定法節の内部構造　173
　5.2.1　可能な分析1: IPの欠如した構造　173
　5.2.2　可能な分析2: IPを内部に持つ構造　176
5.3　仮定法節内のNot　178
　5.3.1　文否定のNot　178
　5.3.2　VP削除とNot　181
5.4　Have・Be繰上げの適用可能性　186

参　考　文　献　193
索　　　　引　205

第 1 章　文の基本構造

1.1　句　構　造

　文は，表面上，単語が一列に並んだにすぎないように思われるが，句構造 (phrase structure) という構造を持つ．句構造というのは，たとえば，(1) の例の the boy あるいは the piano が，単に意味的のみならず，文構造のうえでも 1 つのまとまりをなすことを表した概念で，この場合，the boy が boy という名詞を中心とした名詞句 (Noun Phrase: NP)，the piano が piano を中心とした名詞句をなすという言い方をする．このような句構造は，名詞という品詞に限られたことではなく，あらゆる主要品詞 (名詞，形容詞，動詞，前置詞) について当てはまる．したがって，文中に動詞があれば，それに対応する動詞句 (Verb Phrase: VP) が存在することになる．句 (phrase) というひとかたまりの構造を括弧 [　] で表すとすれば，(1) の例は，全体として (2) の句構造を持つことになる．また，括弧による表記はいささか読みづらいことがあるので，これを (3) のように樹形図で表す場合もある．

（ 1 ）　The boy played the piano.
（ 2 ）　[$_S$ [$_{NP}$ [$_{Det}$ The] [$_N$ boy]] [$_{VP}$ [$_V$ played] [$_{NP}$ [$_{Det}$ the] [$_N$ piano]]]]

(3)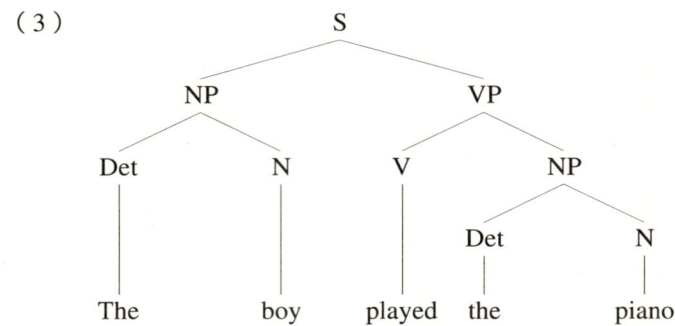

　(3)の樹形図は，それぞれの句がどのような品詞を中心としたものかがわかるように，NP, VP, S (Sentence) ((3)のSには，NPやVPのように中心要素がないが，Sも中心要素を持つ句の一種と考えられる．Sの内部構造は，1.2.2で取り上げる)といったラベルをつけ，品詞そのものにもN(oun)（名詞），V(erb)（動詞），Det(erminer)（限定詞）といったように，ラベルを明記している．また，これらのラベルを統語範疇(syntactic category)と呼ぶ．(3)で統語範疇の明記されている要素，すなわち，the (Det), boy (N), played (V), the (Det), piano (N), the boy (NP), played the piano (VP), the piano (NP) は，いずれも文を構成するうえで1つのまとまりをなしており，これらを文の構成素(constituent)という．

　(3)の樹形図は，(i) 構成素の線形順序(linear order)，(ii) 構成素の統語範疇，(iii) 構成素同士の結合関係，を明示的に表したものである．(1)の単語の連鎖だけからでは，それが(3)に示した構造を持つことを理解しにくいかもしれないが，たとえば，the boy が代名詞の he に置き換えられることからも，文が単に単語が一列に並んだものではないことが了解できる．このように，文は句構造を持つのだが，文を構成するそれぞれの句には，その内部構造に関する規則があり，これを「句構造規則」(phrase structure rule)と呼ぶ．まず，文Sは，主語の名詞句NPと述部の動詞句VPから構成されており，(4a)のように表される．

(4) 　a.　S → NP VP

(4a) の句構造規則の矢印の右辺の NP は，(3) のように限定詞と名詞からなるが，限定詞の the, a(n) などは随意的な要素であるため，それを括弧内に入れると，NP の句構造規則は (4b) のようになる．

（4） b． NP → (Det) N

動詞句 VP は (3) のように，動詞とその目的語の NP によって構成されるが，動詞が自動詞の場合には，動詞句内には NP は現れないので，これを括弧で表すと，VP の句構造規則は次のようになる．

（4） c． VP → V (NP)

上記 (4a), (4b), (4c) の句構造規則を順次展開することで，(3) の構造が得られる．(1) の例は，英語の句構造規則によって定められた構造を持つので，適格な文である．

(5) の例は不適格な文であるが，これは，(5) のどの部分をとっても，先に述べた句構造規則によって構造を与えることのできない配列になっているためである．

（5） *The played boy piano the.

句構造規則とは，文を構成する句の内部構造を規定した規則で，それを順次適用することによって (3) のような文の階層構造が得られる．

1.2 句構造の一般特性

1.2.1 X′ 理 論

前節でみた句構造規則は，個々の句についてその内部構造を規定しようとしたものであるが，異なる句を比較してみると，それらの内部構造には共通性があることに気づく．たとえば，NP と VP であれば，それぞれに中心要素(以下，主要部 (head) と呼ぶ)となる N, V が存在する．これは，NP, VP 以外の，形容詞句 (Adjective Phrase: AP), 前置詞句 (Prepositional Phrase: PP) についても成り立つ特徴である．たとえば，(6a)

の very afraid of animals for their brutality, (6b) の entirely without food for famine などの表現は，それぞれ全体として AP, PP であり，次のような句構造を持つが，この場合も句内部に主要部が存在する．

（6） a. very afraid of animals for their brutality

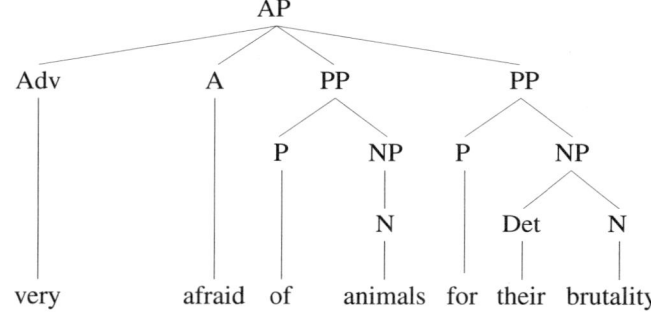

b. entirely without food for famine

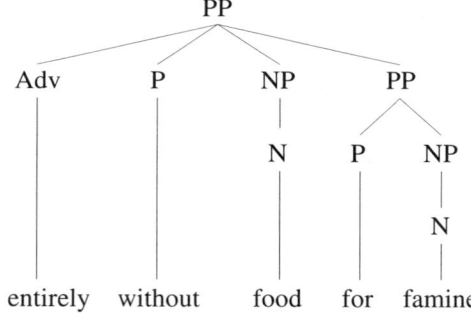

句構造規則によって個々の句の内部構造を規定したのでは，どの句にも主要部が存在すること，すなわち，すべての句が内心構造（endocentric structure）を持つという，句に関する共通性を捉えそこねてしまう．句にはかならず主要部が存在するという特徴は，英語という個別言語に特有な特徴ではなく，あらゆる自然言語の句についてみられる特徴であり，したがって，より一般的に捉えるのが望ましい．

また，主要部は種々の要素を従えることができるが，それらには働きの

異なるものがある．たとえば，(7)では名詞が2つの前置詞句を従えているが，それらは主要部との結合の度合いが異なる．前置詞句 of the riots は，名詞との結び付きが強く，動詞句 discuss the riots の他動詞目的語と同じ働きをしている．一方，前置詞句 in the bar は修飾句であり，名詞との結び付きは of the riots とくらべると弱く，随意的な要素である．

(7) the discussion of the riots in the bar

(7)の of the riots のように，主要部との結合の度合いが強い要素を補部（complement）といい，in the bar のように，主要部との結合の度合いが緩やかで随意的な要素を，付加部（adjunct）という．主要部との意味的結合度の異なる補部と付加部は，構造上異なる位置を占めると考えられる．仮に，(7)の名詞句の内部構造が(8)のような構造であるとすると，2つの PP は，構造上主要部と同じ階層に現れるので，これらの語順を入れ替えてもよさそうだが，補部の PP と付加部の PP を入れ替えることはできない((9))．

(8)

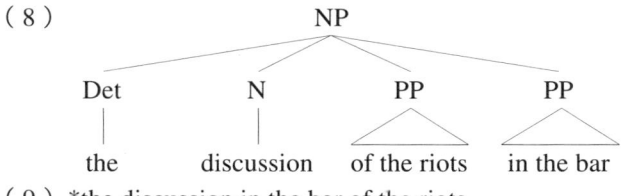

(9) *the discussion in the bar of the riots

(9)の事実は，補部と付加部が，句構造上，異なる位置になければならないことを示している．このような補部と付加部の違いは，次のページの図(10)のように主要部と補部が結合して，語彙範疇（lexical category）と句範疇（phrasal category）の中間的な構成素 N′（N バーと読む．N̄ と表記する場合もある）を形成し，その N′ と付加部が結び付いて別の N′ を形成すると考えることによって，捉えることができる．

(10)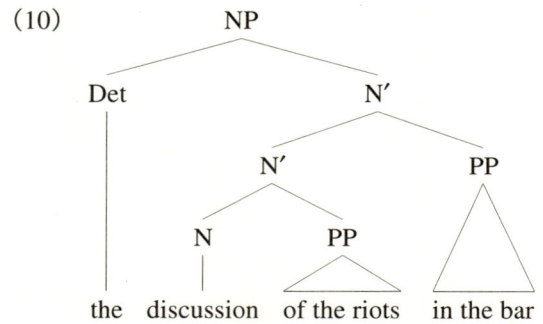

このように名詞句は、N, N′, NP (NP は、N の性質を受け継いだ最大の範疇であるため、これを最大投射 (maximal projection: XP) という。また NP は、N″ (N ダブル・バー) と表記することもある) が積み重なった構造を持ち、主要部と密着度の強い補部とそうではない付加部は、句構造上異なる位置を占めるのである。

　補部と付加部の構造上の違いは、名詞句以外の句にも当てはまる特徴である。(11)–(13) は、動詞句、形容詞句、前置詞句の例であるが、いずれの場合も、補部と付加部の語順を入れ替えることはできない。

(11) a. discuss the riots in the bar
　　　　　　　 補部　　　 付加部
　　　 b. *discuss in the bar the riots
(12) a. very afraid of animals for their brutality
　　　　　　　　　　 補部　　　　　 付加部
　　　 b. *very afraid for their brutality of animals
(13) a. entirely without food for famine
　　　　　　　　　　　 補部　 付加部
　　　 b. *entirely without for famine food

このように、句はその種類にかかわらず同じ内部構造を持つ。したがって、自然言語の文法理論は、句の内部構造を定めた一般原理を備えていなければならない。生成文法では、句の内部構造に関する一般特性を (14)

のように規定している．

(14)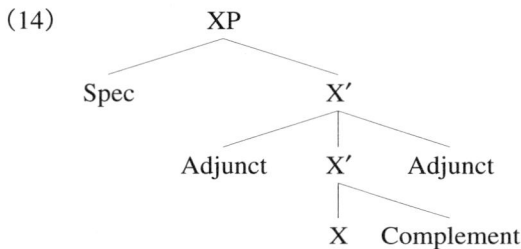

(14) は，N, V, A, P などの特定の範疇に言及することなく，自然言語のいかなる句も (14) の構造を持つことを規定したもので，これを X′ 理論（X′-theory）という．(14) の X′ 理論は，(15) に示したあらゆる句に共通する特徴を明らかにしている．

(15) a. 句にはかならず 1 つの主要部が存在する．
b. 句は，主要部 X の性質を受け継いだ X の投射（projection）である．
c. 補部は主要部 X の同位要素（sister），付加部は X′ の同位要素として現れる．

(14) は，主要部が補部に先行する英語の語順を示した構造であるが，主要部と補部の語順は言語によって異なりうる．(14) の内部構造（階層関係）は，どの言語の句にも共通する特徴であるが，主要部と補部の順序はパラメータ（parameter）化されており，たとえば，パラメータの値として「主要部先頭」（head initial）が選ばれれば英語の語順（VO），「主要部末尾」（head final）が選ばれれば日本語の語順（OV）が得られる．

(14) の Spec(ifier)（指定部）は，主要部を「限定」する働きを持つ要素の現れる位置で，名詞句であれば限定詞の the, a(n) など，形容詞句，前置詞句であれば，それぞれ (12a), (13a) の very, entirely などが指定部に該当する．

(14) の X′ 理論を文法の一般原理として認めることによって，どの句にも成り立つ (15) の特徴を一般的に捉えることができるのである．

1.2.2 文の内部構造

前節でみた X′ 理論は，句の種類の如何にかかわりなく，その構成に関する共通性を規定したものであるが，文が (3) に示したような内部構造を持つとすると，S だけは他の句とは異なり，主要部を持たないということになる．だが実は，S も他の句と同じように，それを特徴づける主要部を中心とする句として分析することができる．すなわち，いわゆる S は，時制，人称・数の屈折を担う要素 inflection (以下，頭文字をとって I と表記) を主要部とする IP (Inflectional Phrase) であり，X′ 理論を遵守した構造を持つと考えられている．この仮説に従えば，(1) の例は，以下の句構造を持つことになる．

(16)

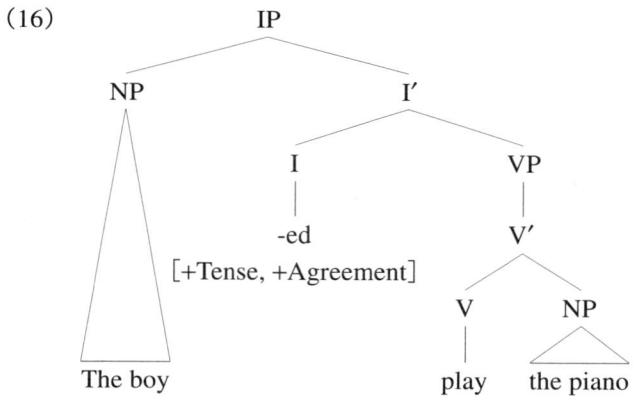

(16) の例で，時制，人称・数に関して変化するのは動詞 play であることから，屈折要素を動詞から切り離して構造上動詞句の外部に置くのは，直感になじまないかもしれない．だが，動詞句前置 (VP Preposing) と呼ばれる移動規則の特徴を観察してみると，時制，人称・数を表す屈折要素は，もともと VP の外部 ((16) の I の位置) にあることがわかる．英語には種々の移動規則があるが，(17b) は，(17a) の VP を文頭へ前置することによって派生される文である．移動規則は，構成素にのみ適用し，(17b) では play the piano が 1 つのまとまりとして移動している．((17b) では，移動した VP のもともとの位置が空所 (gap) になっているが，そ

れを移動した要素の痕跡 (trace) として t と表す.)

(17) a. Mary thinks the boy played the piano, and the boy played the piano.
b. ..., and [$_{VP}$ play the piano]$_i$ [the boy did t_i].

(17b)の例は，動詞から屈折要素を除いた play the piano が，VP の構成素であることを示している．したがって，時制，人称・数を表す要素は，もともと(16)のように動詞から独立した要素であり，VP の外部，すなわち，I の位置にあると考えることができる．

(1)では，屈折要素が動詞の末尾に現れるが，これは I に位置する屈折要素が，語に付着しなければならない接辞 (affix) であり，接辞移動 (affix movement) によって V のところへ移動するからである．

時制，人称・数を表す屈折要素を，(16)のように動詞句の外部の要素とみなす根拠は，助動詞を含む文の本動詞の語形にもみることができる．(18)のように will などの法助動詞 (modal auxiliary) が現れる文では，本動詞は，時制，人称・数に関して変化しない．

(18) The boy will {play / *plays / *played} the piano.

(18)は，助動詞と動詞の屈折要素が，二者択一の関係にあることを示している．したがって，(18)で時制を担っているのは助動詞であり，助動詞は(16)の構造の I の位置にあると考えられる．

文を他の句と区別する要素は，時制などを表す屈折要素であり，それを文の主要部とすることで，文も，X′ 理論を満たす内部構造を持つ句の一種と分析することができる．

1.2.3 従属節の構造

前節では，文が，時制，人称・数を表す屈折要素を主要部とする IP であると述べた．IP の構造を持つ文は，(1)のように独立文として現れることもあれば，(19)のように従属節として現れることもある．

(19) I think that [$_{IP}$ the boy played the piano].

(19)では，IPが主節の動詞句に埋め込まれており，従属接続詞の that によって導かれている．この場合，that the boy played the piano は目的節で，他動詞の目的語と構造上同じ位置にあり，動詞の補部の位置を占める．このように，語彙範疇の補部の位置に生起する節を補文（complement sentence）といい，補文を導く従属接続詞を補文標識（complementizer: C）と呼ぶ．

　従属節を特徴づける要素は，that のような補文標識であり，したがって従属節は，補文標識を主要部とする句 CP（Complementizer Phrase）と考えることができる．すると，(19)の that the boy played the piano の句構造は，次のようになる（IP の内部構造は省略してある）．

(20)

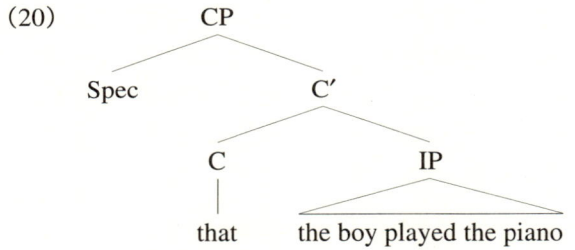

(20)では，補文標識 that がその補部に IP をとっているが，これは他動詞がその補部に NP をとるのと類似している．すでに述べたように，補部の要素は主要部と密着度が強く，多くの場合，補部は主要部にとって義務的な要素である．したがって，通例，他動詞の目的語を省略することはできない．補文標識の導く IP についても，同じことが言える．(20)の IP は，CP の主要部にとって義務的な要素であり，(20)の IP を省いて I think that. と言うことはできない．

　(20)の CP Spec（CP 指定部）は空になっているが，この位置は，1.3.1 で述べるように，wh 疑問文の wh 句などの納まる位置である．

　文や従属節はそれぞれ，時制，人称・数を担う I，補文標識 C という機能範疇（functional category）を主要部とする句であり，X′ 理論はすべての句に成り立つ基本特徴を規定した，一般性の高い原理である．

1.3 文構造と語彙特性の投射

1.3.1 D 構造と S 構造

1.2.1 では，補部は句構造上，主要部の同位要素として現れることをみた．(21) の wh 疑問文では，他動詞の補部が句構造上，主要部からかなり離れた位置にあるにもかかわらず，それは (1) の補部位置を占める目的語と同じ要素であると，容易に判断できる．

(21)　What did the boy play?

したがって，(21) の疑問文は，もともと (1) の平叙文と同じ構造を持ち，その構造に wh 句を文頭へ移動する wh 移動 (*wh*-movement) を適用することによって派生される，と考えることができる．

(22)　a.　D 構造: $[_{CP}\ [_{C}\ ]\ [_{IP}\ \text{the boy}\ [_{I}\ \text{did}]\ [_{VP}\ \text{play what}]]]$
　　　　　　　　⇩ wh 移動
　　　b.　S 構造: $[_{CP}\ \text{What}_i\ [_{C}\ \text{did}_j]\ [_{IP}\ \text{the boy}\ [_{I}\ t_j]\ [_{VP}\ \text{play}\ t_i]]]$

(21) の疑問文は，X′ 理論によって生成される (1) の平叙文と同じ基本構造 (22a) を持つ．X′ 理論によって生成される (22a) のような基本構造を，D 構造 (Deep Structure: 深層構造，あるいは，基底構造 (underlying structure) と呼ぶこともある) という．この D 構造に変形操作 (transformation)（この場合，文頭の CP 指定部へ wh 句を移動する wh 移動と，I の位置の時制要素を C の位置へ移動する主語・助動詞倒置 (subject-aux inversion)）を適用して，表面的な wh 疑問文の構造，すなわち，S 構造 (Surface Structure: 表層構造) が派生される．

このように考えることで，(1) の平叙文とそれに対応する (21) の疑問文は，互いに関連づけられる文であるという，英語母語話者の言語直感を捉えることができる．仮に，(21) の疑問文に (22a) のような D 構造を設けないとすると，(1) と (21) の関係はまったくの偶然ということになり，これはわれわれの言語直感を適格に反映しているとは言いがたい．

1.3.2 統語構造に反映される語彙特性

D 構造は，X′ 理論によって直接生成される文の基本構造であるが，それぞれの句内部に補部が生起するか否かなどの違いは，句の主要部の性質に依存する．たとえば，(23a), (23b) の下線部はいずれも動詞句を形成し，X′ 理論を遵守した構造を持つが，目的語の有無はそれぞれの動詞の語彙特性による．

(23) a. The boy played the piano.
b. The boy ran.

(24)

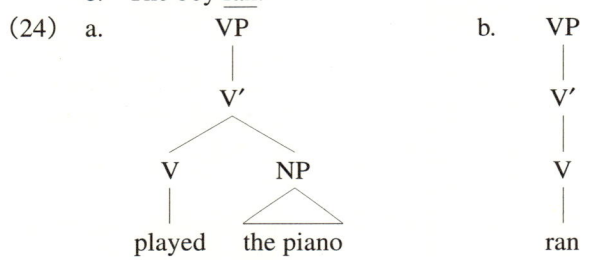

すなわち，句の D 構造は，その主要部の語彙特性が X′ 理論に従って投射されたものであると考えられる．統語構造に投射される語彙項目 (lexical item) の性質は，「語彙目録」(lexicon) に次のように規定されている．以下は，(23) の動詞 play と run の「語彙記載項目」(lexical entry) である．「語彙目録」とは，個々の語彙に関する語彙特性((25) のような意味的情報のほかに，音韻，統語範疇に関する情報を含む)を記載した「語彙記載項目」の集合と，語の構造にかかわる語形成規則 (word formation rule) からなる，文法の一部門のことをいう．

(25) a. play: ⟨Agent, Theme⟩
b. run: ⟨Agent⟩

(25) の ⟨ ⟩ 内の Agent や Theme を θ 役 (theta role あるいは thematic role) といい，それらを担う要素を (文法) 項 (argument) という (以下，個々の θ 役は ⟨ ⟩ に入れて表す)．(25a) の ⟨Agent⟩ (動作主) は，他動詞 play の表す行為の主体を表す θ 役で，(23a) では主語名詞句 the boy

の担うθ役である．〈Theme〉(主題)は，動詞 play の表す行為の対象を表すθ役で，この場合，句構造上目的語の位置に投射されている．(25a)の〈Agent〉と〈Theme〉は，いずれも play にとって必須要素であるが，〈Theme〉が動詞句の内部(動詞の補部)に投射されるのに対して，〈Agent〉は動詞句の外部(IP 指定部)に投射されることから，この2つを区別して，前者を内項 (internal argument)，後者を外項 (external argument) と呼ぶ．(25a)は，動詞 play が〈Agent〉と〈Theme〉というθ役を担う項を2つとることを指定しており，このように2つの項をとる述語を2項述語 (two-place predicate) という．一方，(25b)は，動詞 run がその語彙特性として，〈Agent〉を担う項を1つ要求することを明示している．run は項を1つとるので，1項述語 (one-place predicate) である．(25)の語彙記載項目は，個々の語彙がいくつ項をとり，それぞれの項がどのようなθ役を担うかを指定していることから，これを項構造 (argument structure) という．

このように，それぞれの語彙の特性が X′ 理論に従って句構造に投射されることによって，文の基本構造が形成されるのである．

本書は，句構造上，述語の補部の位置に生じる文，すなわち，補文を考察の対象とする．補文には，おおよそ，定形の平叙節補文，不定詞補文，疑問節補文，感嘆節補文，動名詞補文，仮定法節などがある．それらは，いずれも述語の同位要素であるという点で類似するものの，それぞれの補文には述語の語彙特性が反映されており，相違点も観察される．次章以降，種々の補文について，その内部構造，統語的・意味的特徴，および，補文とそれを選択する述語の関係を考察し，それらの異同を明らかにする．

第2章　定　形　補　文

2.1　定形補文の種類とその基本構造

　従属節は，動詞の形態によって，定形節（finite clause）と非定形節（non-finite clause）に大別される．定形節とは，(1)のように，動詞が主語と人称・数において一致し，現在形あるいは過去形の形態を持つ定形動詞を含む節のことをいう．一方，時制を表す屈折要素が動詞の末尾に現れない非定形動詞を持つ節を，非定形節という（非定形節の下位分類とその具体例は，第3章で取り上げる）．

(1)　John {is / *are} honest.
(2)　I believe that John is honest.
(3)　I believe the story, because John is honest.

(2), (3)は，(1)の文を従属節に持つ複文構造である．(2)のthat節は，いわゆる名詞的従属節で，主節動詞の補部に位置する．以下，述語の補部として生じる定形節を，定形補文（finite complement clause）と呼ぶことにする．(3)も定形節を従属節に持つ複文であるが，(3)のbecause節は，主節動詞believeを修飾する副詞節で，(2)のthat節とは区別される．

　(2)の主節動詞believeは，その補文に(1)の平叙文を従えているが，平叙文が従属節であることは，従属接続詞のthatによって示されている．伝統文法では，(2)のthatも(3)のbecauseもともに従属接続詞（subordinate conjunction）と呼ばれるが，(2)のthat節は(3)のbecause節

とは異なり，主節動詞の補部に位置することから，このような補文を導く従属接続詞を補文標識と呼ぶ．補文標識の that は，平叙文を導くシグナルとでも言うことができる．平叙文とは異なるタイプの文が補文として現れると，それに応じて異なる補文標識が用いられる．たとえば，(4a) の wh 疑問文が wonder の補部に生じると，独立文同様，(4b) のように，補文の先頭に wh 句が現れなければならない．また，yes-no 疑問文や選択疑問文 (alternative question) が wonder の補部に選ばれた場合，(5) のように，whether あるいは if が補文を導く．

(4) a. Who should I invite?
    b. I wonder who I should invite.
(5) I wonder {whether / if} I should invite Bill.

(4b), (5) の従属節はいずれも定形補文であるが，補文の意味タイプに応じて，平叙節とは異なる補文標識が選ばれている．このように補文標識の種類によって，補文はおおむね，平叙文と間接疑問文に区分されるのだが，補文標識に共通するのは，それらがかならず節を導かなければならないということである．この特徴は，ちょうど，他動詞とその補部に位置する目的語の関係と平行的である．したがって，節は，補文標識 C を主要部とする句 CP を形成し，C が文 (IP) を補部に従える (6) の構造を持つと考えられる．

(6)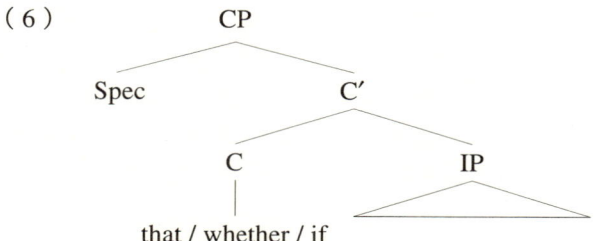

すると，平叙文と疑問文の区別は，C が [+WH], [−WH] のどちらか一方の素性を持つとすることで，捉えることができる．補文標識が疑問文の場合には，C は [+WH] 素性を持ち，その具現形として whether あるい

はifが現れる．(4b)のようなwh疑問文の場合にも，Cは[+WH]素性を持つが，句範疇のwh句は，CP指定部に現れる．一方，平叙節のCは[−WH]素性を持ち，その具現形としてthatあるいはそのゼロ形式（thatの省略形）が現れる．

(7)　　C $\Big\langle$ [+WH]（疑問文を導く補文標識）whether / if, wh句
　　　　　　[−WH]（平叙文を導く補文標識）that, ゼロ形式

このように，補文標識が[±WH]のいずれかの素性を持つとすることで，平叙文を導くthatと間接疑問文を導くwhether / ifが，二者択一の関係にあることを捉えることができる．

　平叙文や疑問文以外に，(8)のような感嘆文も補文として現れることができる．

(8)　a.　What a fool he is!
　　　b.　What a large house he lives in.
(9)　a.　It's amazing what a fool he is.
　　　b.　I'm surprised at what a large house he lives in.

(9)の間接感嘆文では，wh句が補文の先頭に現れることから，形式上，間接疑問文に類似しているが，間接感嘆文は，間接疑問文とは異なる特徴を備えている．たとえば，間接感嘆文は，間接疑問文を補文にとるaskやwonderの補部には，生起できない．

(10)　a.　*John will ask what a fool he is.
　　　 b.　*I wonder what a large house he lives in.

したがって，間接感嘆文のCは，[−WH]の指定を受けていると考えられ(今井・中島1978)，(7)の分類では，平叙節と同じグループに属することになる(⇒ 2.5)．

　上でみた補文は定形節であり，いずれも補文標識を主要部とするCPを形成し，Cがその補部にIPを従える(6)の内部構造を持つ．このような共通性がある一方，平叙節，間接疑問文，間接感嘆文は，それぞれ独自

の特徴も備えている．本章では，平叙節補文の that 節，間接疑問文，間接感嘆文を取り上げ，それぞれの補文がどのような統語的，意味的特徴を持つのか検討する．

2.2　That 節補文

2.2.1　動詞，形容詞，名詞に続く That 節

動詞，形容詞，名詞は，(11)–(13) のように that 節を従えることができる．

(11) a. John believes that Mary is a genius.
　　 b. Paul already knows that Jim lives with his sister.
　　 c. Jenny forgot to mention that the water is bad.
(12) a. Kevin is certain that the tent is in the car.
　　 b. Mary is happy that Charles is leaving home.
　　 c. Nevil is afraid that the computer will break down.
(13) a. the proof that the theory is correct
　　 b. the claim that John did it
　　 c. the belief that Clinton would resign

(11)–(13) の that 節は後述するように「命題」を表しており，いずれも述語の補部に位置するようにみえるが，いわゆる名詞補文の that 節は，動詞，形容詞の補文とは異なる特徴を備えている．以下，その特徴のいくつかをみることにするが，その前に，that 節補文をとる述語の語彙的特徴について述べておこう．

that 節を補文にとる，たとえば，believe, certain などの動詞や形容詞は，その語彙的特徴として次のような項構造を持つ．

(14) a. believe: 〈Experiencer, Proposition〉
　　 b. certain: 〈Experiencer, Proposition〉

(14) の項構造は，believe, certain が〈Experiencer〉（経験者），〈Proposition〉（命題）という θ 役を担う項をとることを指定している．(11a), (12a) の主語名詞句は，述語の表す思考や認識の主体であり，こ

の場合,〈経験者〉を担っている.一方,that 節は,〈命題〉を担っている.

(14) によれば,believe, certain はいずれもその内項に〈命題〉を要求する述語で,その θ 役は (11a), (12a) では,それぞれ動詞,形容詞の同位要素,すなわち補部として現れている.

(15)

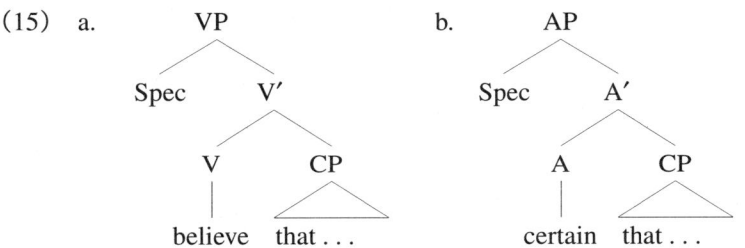

(13) の that 節も〈命題〉を表し,また,proof, claim, belief などの名詞にはそれに対応する動詞があることから,名詞の従える that 節も動詞や形容詞のそれに類似してみえるが,補部を占める that 節とは異なる特徴を持つ.

まず,動詞,形容詞の補部に位置する that 節では,that を省略することができるが,名詞の従える that 節の that は省略できない.

(16) a. Many scientists believe (that) Einstein is a genius.
b. John thinks (that) Mary would arrive late.
(17) a. I'm sure (that) John will win the race.
b. I'm glad (that) the semester is over.
(18) a. They ignored the warning *(that) the building was unsafe.
b. You must show the proof *(that) the theory is correct.

補文標識の that の省略が許されるのは,補部に位置する that 節に限られる (⇒ 2.3.1).(19) のように,that 節が右方移動 (rightward movement) によって VP 付加部へ移動している場合には,that を省略することはできない.

(19) a. I am sure, because I have been at home, *(that) he's awake.
(Nakajima 1996, 144)
   b. I believe, because the door was unlocked, *(that) they were at home.

(18)のthat節は名詞に隣接しているものの，thatの省略可能性に関して，付加部に位置する(19)のthat節と同じ振る舞いをする．

また，that節を補文にとる believe, think などの，架橋動詞（bridge verb）と呼ばれる動詞類では，補文内の要素をwh移動によって取り出すことができるが，名詞の従えるthat節からは，通例，要素を取り出すことはできない．

(20) a. What do you believe that Mary bought?
   b. Who do you think that John saw?
(21) a. *What did he show the proof that Mary stole?
   b. *Who did you come to the conclusion that you should appoint?

このような特徴は，名詞の導くthat節が，動詞のthat節補文とは異なる統語的位置にあることを示している．

belief, claim, proof などの派生名詞以外に，fact, idea などの抽象名詞がthat節を導くことがある．

(22) a. the fact that the butler did it
   b. the idea that we should appoint John

fact, idea などの名詞は，それ自体が命題を表しうる抽象名詞で，(22)のthat節は，名詞によってθ役を与えられているthat節というよりも，むしろ名詞の表す命題内容と等価な内容を表す同格節であり，したがって(22)の例は，(23)のように言い換えることができる．

(23) a. The fact is that the butler did it.
   b. The idea is that we should appoint John.

派生名詞がthat節を従える場合にも，同じことが言える．(24)の例では，

名詞が命題を表しており，that 節はその内容を指定する働きをしている．(24) は，(25) に対応する解釈を持つ (Stowell 1981, 200)．

(24)　a.　Andrea's guess that Bill was lying
　　　b.　John's claim that he would win
　　　c.　Paul's explanation that he was temporarily insane
(25)　a.　Andrea's guess was that Bill was lying.
　　　b.　John's claim was that he would win.
　　　c.　Paul's explanation was that he was temporarily insane.

名詞の従える that 節は，形式上，動詞，形容詞の that 節補文に類似しているが，句構造上，名詞の付加部に位置し ((26))，したがって，補部に位置する that 節とは異なる特徴を示すと考えられる．

(26)
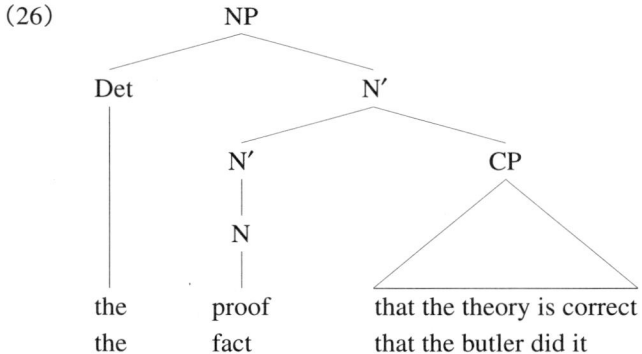

2.2.2　That 節と名詞句の分布制限

前節でみた補文の that 節は，通常「名詞節」(nominal clause) と呼ばれるが，それは that 節が名詞句とほぼ平行的な分布制限を示すからである．たとえば (11) の that 節は，他動詞の目的語と同じ位置にあり，また，主語位置にも現れることができる．しかし，名詞節というものの，that 節が常に名詞句と同じ分布制限を示すわけではない．名詞句は，主格，対格などの「格」(Case) の与えられる位置に生起しなければならないが，that 節にはそのような制限はない．このことは，(12), (13) のよ

うに，that 節が形容詞や名詞の直後に生起しうることからも確認できる．名詞や形容詞は，その補部に名詞句をとることができるが，そのさい，名詞句は that 節のように名詞や形容詞の直後に現れることはできず，(27)，(28) のように前置詞の of が挿入されなければならない．

(27) a. I'm afraid of dogs.
  b. I'm certain of his honesty.
(28) a. John's explanation of the problem
  b. his discovery of radioactivity

生成文法では，このような名詞句の分布制限は，(29) の「格フィルター」(Case Filter) によって捉えられている．

(29) 格フィルター：音形を持つ NP は格を持っていなければならない．

that 節は名詞節と言われるものの，その統語範疇は CP であるため (⇒ 2.1)，格付与を受ける必要はない．したがって，形容詞や名詞の直後に位置する that 節の前に，前置詞 of を挿入することはできない．

(30) a. Kevin is certain *(of) that the tent is in the car.
  b. Neil is afraid *(of) that the computer will break down.
(31) a. John's claim *(of) that he would win
  b. Paul's explanation *(of) that he was temporarily insane
            (Stowell 1981, 198)

(27)，(28) の of は，特別な意味を担う前置詞ではなく，名詞句が (29) の「格フィルター」を満たすための，いわば最終的な手段として挿入される要素である．that 節はそれ自体名詞句ではないので，前置詞 of を挿入することはできない．

このような名詞句と that 節の違いは，移動現象にもみられる．(32a)，(33a) の主語名詞句は，それぞれ (32c)，(33c) の that 節に対応することから，本来，動詞の内項であり，目的語の位置から主語位置へ移動したと考えられる．(32a)，(33a) の動詞はいずれも D 構造で目的語をとる

が，目的語に対格を与えることのできない動詞である．（このような動詞を非対格動詞（unaccusative verb）と呼ぶ．）(32b), (33b) が許されないのは，名詞句が格付与されない位置に現れるからである．

(32) a. [NP Sue's late arrival] was expected.
b. *It was expected [NP Sue's late arrival].
c. It was expected [CP that Sue would arrive late].
(33) a. [NP Sue's late arrival] appealed to us.
b. *It appealed to us [NP Sue's late arrival].
c. It appealed to us [CP that Sue would arrive late].

一方，格付与を受ける必要のない that 節は，動詞の補部（(32c), (33c)）と主語のいずれの位置にも現れることができる．

(34) [CP That Sue would arrive late] was expected.
(35) [CP That Sue would arrive late] appealed to us.

目的語の位置に生じる名詞句は，他動詞によって格を保証されなければならないが，そのさい，名詞句は，他動詞に隣接していなければならない．一方，that 節は，他動詞に隣接する必要はない (Stowell 1981, 161).

(36) a. *John read quickly the book.
b. *John put carefully the book on the table.
(37) a. Mary said quickly [that she wanted to drive].
b. Paul mentioned to Bill [that his shirt was dirty].
c. John knew from experience [that the law was unfair].

(36), (37) の対比も，that 節が格を受ける必要のないことを示している．

このような that 節と名詞句の分布上の違いをもとに，Stowell (1981) は，(38) の「格抵抗原理」（The Case-Resistance Principle）を提案している．

(38) 格抵抗原理: 格を付与する素性を持つ範疇には，格は付与されない．

Stowell は，[±N], [±V], [±Tense], [±Past] という素性を用いて，NP, AP, VP, PP を (39) のように，時制節を (40) のように表している．

(39) a. NP = [+N, −V]″   b. AP = [+N, +V]″
　　 c. VP = [−N, +V]″   d. PP = [−N, −V]″
(40) 時制節 = [+N, −V, +Tense, ±Past]″

(39) で格を付与する素性が [−N] であるとすると，(38) の原理の帰結として，PP は格の与えられる位置には生起できないことになる．(41b) が示すように，PP は前置詞の目的語の位置には現れない．

(41) a. We talked [about [the direction of the wind]].
　　 b. *We talked [about [from the west]].

また (39) によれば，VP も [−N] 素性を持つので，格付与されないことになる．VP は通常，述語の項にはならないので，格を付与されることはない．

(40) の素性のうち，[+Tense] は I に位置する時制要素であり，主語名詞句に主格を与える要素である．すると (38) の原理により，時制節の that 節は，格の与えられる位置には生起できないことになる．この予測が正しいとして，Stowell (1981, 149) は，次の例をあげている．

(42) a. I consider [[$_{NP}$ John] to be a genius].
　　 b. I showed [[$_{NP}$ the hypothesis] to be correct].
(43) a. *I consider [[$_{CP}$ that John came home] to be fortunate].
　　 b. *I showed [[$_{CP}$ that John lied] to be a fact].

他動詞が対格を与えるのは，通例，動詞の補部に位置する名詞句であるが，(42) では，主節動詞が節境界を超えて不定詞節主語に対格を与えている．このような動詞を，例外的格付与動詞 (Exceptional Case-marking verb: ECM 動詞) と呼ぶ．Stowell は，(43) のように，ECM 動詞類の不定詞節の主語位置には that 節が現れないので，これを (38) の原理の帰結としている．

このような分析に対して問題になるのは，that 節が他動詞の直後に位置する例である．Stowell は，(44a) のような that 節は，他動詞の補部の位置から，格の与えられない VP 付加部へ移動しており，(44b) の派生構造を持つとしている．

(44) a. John believes that Mary is innocent.
　　 b. John [$_{VP}$ [$_{VP}$ believes t_i] [$_{CP}$ that Mary is innocent]$_i$].

(37) のように，動詞句内の要素の右端に that 節が現れる例では，that 節が，右方移動の適用を受けていると言えるかもしれないが，他動詞に隣接する補文の that 節が，常に語順の転換を伴わない右方移動の適用を受けているかどうかは，明らかではない．仮に (44b) の構造が正しいとすると，補文の that 節は，VP 付加部と同じ性質を示すはずである．(45b) が示すように，付加部は，目的語などの補部を占める要素とは異なり，その内部から要素を取り出すことはできない(このような制約を「付加詞条件」(Adjunct Condition) という．詳しくは，Huang (1982) を参照)．一方，補文の that 節は，2.2.1 で述べたように，その内部の要素の取り出しを常に拒むわけではない．

(45) a. John left [because of the appointment with Mary].
　　 b. *Who did John leave [because of the appointment with]?
(46) a. John wrote [a story about his mother].
　　 b. Who did John write [a story about]?
(47) a. What do you believe [that John bought]?
　　 b. What did they think [that the burglar stole]?

したがって，他動詞に隣接する補文の that 節は，補部の位置を占めるとみるべきであろう．このように考えると，(43) は，もはや (38) の原理によって説明することはできなくなる．(43) が容認されない理由は今のところはっきりしないが，その非容認性の要因の 1 つとして，文を理解するさいの，知覚上の制約をあげることができる (Ross 1967)．(43) のように，文中に節を含む文は一般に理解しづらく，(43) では，文主語の

that 節が文理解を妨げる要因になっていると言える．ただし，どのような条件で文理解が妨げられるのかについては，不明な点もある (稲田 1989)．

(48) のような主語位置にある that 節も，(38) の原理にとって問題となる．

(48) a. [That Jenny is a good hostess] is self-evident.
b. [That Brian dyed his hair] proves nothing.

Stowell はこの問題を回避するために，(48) の文主語は，話題化 (Topicalization) によって文頭へ移動した (49) の that 節と，同じ位置を占めるとする (Emonds 1976; Koster 1978)．

(49) a. [That Jim lives with his sister], Paul already knows.
b. [That the water is bad], Jenny forgot to mention.

すなわち，(48) の文主語は，動詞の補部から主語位置へ移動し，その後話題化によって文頭位置へ移動すると考えるのである．

(50) a. [That Jenny is a good hostess]$_i$ [$_{IP}$ t_i is self-evident t_i]
b. [That Brian dyed his hair]$_i$ [$_{IP}$ t_i proves nothing t_i]

文主語構文を話題化構文の一種とみなす根拠に，両構文では主語・助動詞倒置が適用されないという事実をあげることができる (Koster 1978, 54)．

(51) a. *Did that John showed up please you?
b. *What does that he will come prove?
(52) a. *Do Bill you really like?
(*cf.* Bill, I really like.)
b. *Will to Bill you give a book?
(*cf.* To Bill, I will give a book.)

(51) の例は，多くの話者にとって容認不可能な文であるようだが，次のように容認可能な文主語構文の例もある (Delahunty 1983, 383–387)．

(53) a. To what extent did that Fred failed to show up anger those

of devoted fans who had waited by the stage door since dawn of the previous day?
   b. Why does that Fred wants to marry her so upset Mary's mother, father, brothers, sisters and four grandparents that they haven't ceased to harangue her about it since they discovered the proposal?
   c. Does that Fred lied to them bother all of the people who bought stock in his company?
   d. Does that quarks have wings explain their odd behaviour?

(51) が容認されないのは，統語上の理由ではなく，情報構造上の理由，あるいは文体上の理由と考えることができる．英語では，旧情報を担う要素は，主語位置などの文頭に近い位置に配置され，新情報を担う要素は文末に配置される傾向がある．that 節のように，文中の他の要素とくらべて比較的長い要素は，新情報を担うことが多く，文末に配置するほうが，情報構造上の制約にかなう文となる．(53) では，動詞の後に比較的長い要素が続き，新情報が文末に配置されているが，(51) では，そのような情報構造上の要請は満たされていない．そのため，(51) は容認されないと考えることができる．

また，話題要素は，(52) のように倒置された助動詞の右側には生起できないが，その左側の文頭位置であれば生起することができる (Delahunty 1983, 384–385).

(54) a. To Bill, what will you give for Christmas?
   b. And to Cynthia, what do you think you will send?
   c. For Fred, what are you going to buy?

したがって，文主語の that 節が (50) のように話題化の適用を受けているという分析には，無理があると思われる．

2.2.3 発話様態動詞の **That** 節

that 節を従える伝達動詞に，発話様態動詞 (manner of speaking verb)

と呼ばれる一類がある．発話様態動詞とは，どのように発話が伝達されるのか，その様態を表す動詞で，growl, grunt, mumble, mutter, scream, shriek, sigh, whisper などがこの類に含まれる．これらの動詞の後に現れる that 節は，表面上，say, tell, mention などの伝達動詞の補文に類似しているが，それとは異なる特徴を備えている (Zwicky 1971)．以下，その特徴をみることにする．

(55)　a.　Bill muttered that Denny was playing too much poker.
　　　b.　Martin shrieked that there were cockroaches in the caviar.
　　　c.　Ben sighed that he was sick of not getting fed.
　　　d.　Francis whispered that we should turn down the stereo.
(56)　a.　John said that there were cockroaches in the caviar.
　　　b.　Bill mentioned that he had to work on Sunday.

(56) の that 節は，主節述語にとって義務的要素であり，通常省略することができないが，発話様態動詞は，that 節を伴うことなく，自動詞として用いることができる．

(57)　Bill muttered / shrieked / sighed / whispered.

(57) には，that 節の省略された解釈はなく，発話様態動詞の従える that 節は随意的要素であると言える．

(55) の that 節は，動詞の直後に位置するものの，次の点で補文の that 節とは異なる．2.2.1 で述べたように，補部に位置する that 節の補文標識 that は省略することができるが，発話様態動詞では，that を省略できない (Stowell 1981)．

(58)　a.　Bill muttered *(that) Denny was playing too much poker.
　　　b.　Martin shrieked *(that) there were cockroaches in the caviar.
　　　c.　Ben sighed *(that) he was sick of not getting fed.
　　　d.　Francis whispered *(that) we should turn down the stereo.
(59)　a.　John said (that) there were cockroaches in the caviar.
　　　b.　Bill mentioned (that) he had to work on Sunday.

また，say, think などの架橋動詞では，その補文から要素を取り出すことができるが（⇒ 2.2.1），発話様態動詞の that 節からは，移動による要素取り出しは許されない．

(60) a. *What did Martin shriek that there were in the caviar?
b. *What did she gloat that Mary had to endure?
c. *What did John whisper that he lost?
d. *What did you chuckle that he said?

(61) a. What did John say that there were in the caviar?
b. Who do you think that Mary had to endure?

これらは付加部にみられる特徴であり（⇒ 2.2.1），発話様態動詞の that 節は，次のように VP 付加部に位置すると考えられる．

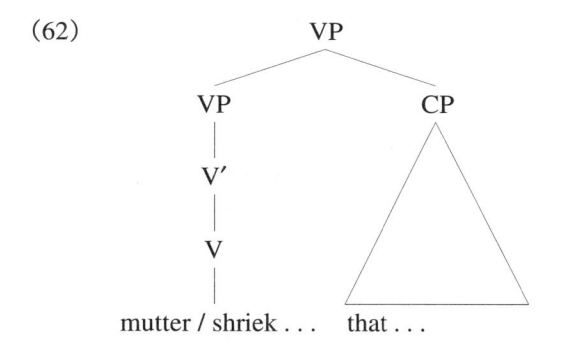

(62)
```
         VP
        /  \
      VP    CP
      |    /  \
      V'  /____\
      |
      V
      |
  mutter / shriek ...   that ...
```

このように考える根拠として，Cinque (1990, 167) は Kayne (1981) の観察を引用して，次の例をあげている．

(63) a. *Who$_i$ did you say to t_i [that Bill was here]?
b. Who$_i$ did you yell to t_i [that Bill was here]?

Cinque によれば，(63a) の that 節は，主節動詞 say の補部の位置から外置によって VP 付加部へ移動しており，その場合，that 節の前の PP から名詞句を移動することはできない．(63b) の that 節も，右方移動の適用を受けているとすると，(63) のような対比はみられないはずである．

(63)の対比は，発話様態動詞のthat節が付加部に基底生成されているとすれば，説明することができる．すなわち，(63a)の非文法性は，「交差制約」(Crossing Constraint)に求めることができる．(64)が示すように，通例，whの島(wh-island)から要素を取り出すことはできないが，完全には容認不可能にならない場合がある((65))．

 (64) *Who$_i$ do you know [what subject$_j$ [to talk to t_i about t_j]]?
 (65) ?What subject$_i$ do you know [who$_j$ [to talk to t_j about t_i]]?

(64), (65)のwh句とそのもともとの位置（痕跡 t）の関係（これをA′束縛（A′-binding）関係という）を図示すると，それぞれ次のようになる．

 (66) [$_{CP}$ who$_i$ [$_{IP}$ ... [$_{CP}$ what subject$_j$ [$_{IP}$ ... t_i ... t_j]]]] (= (64))

 (67) [$_{CP}$ what subject$_i$ [$_{IP}$ ... [$_{CP}$ who$_j$ [$_{IP}$ ... t_j ... t_i]]]] (= (65))

(66)では，wh句と痕跡を結んだ束縛関係が交差しているのに対して，(67)では入れ子型になっている．「交差制約」というのは，文中に2つの束縛関係があるとき，それが(66)のように交差してはならないことを規定した制約である．

 (63a)のthat節補文が，外置によってVP付加部へ移動しているとすると，(63a)には2つの束縛関係が存在し，その束縛関係は次のような交差型となる．

 (68) [$_{CP}$ who$_i$ [$_{IP}$ you [$_{VP}$ [$_{VP}$ say t_j to t_i] [$_{CP}$ that Bill was here]$_j$]]]

一方，発話様態動詞のthat節は，VP付加部に基底生成されているので，(63b)は，交差制約の対象外となるのである．

2.3 That 節補文とゼロ That 節補文の構造

2.3.1 補文標識 That の省略

補文標識の that はしばしば省略されるが，その省略可能な環境はかなり限定されている．2.2.1, 2.2.3 では，付加部を占める that 節の that は省略できないことをみた．本節では，補文標識 that の省略可能な統語環境について述べ，それを手がかりに，that 節補文と that の省略された補文が異なる統語構造を持つことを示すことにする (⇒ 2.3.3)．

動詞，形容詞の補部に位置する that 節の that は省略できるが，以下に示す (i)–(iii) の環境では，省略できない．

(69) a. Many scientists believe (that) Einstein is a genius.
    b. John thinks (that) Mary would arrive late.
(70) a. I'm sure (that) John will win the race.
    b. I'm glad (that) the semester is over.

(i) 主語位置では，that を省略できない．

(71) a. *(That) Sue would arrive late was expected.
    b. *(That) Clinton would resign is unlikely.
    c. *(That) Louise was angry at me came as no surprise.
                                           (Stowell 1981, 396)

(ii) that 節が話題化されている場合，that は省略できない．

(72) a. *(That) she ever said such a thing, I simply don't believe.
                                                 (Quirk et al. 1985, 1050)
    b. *(That) the teacher was lying, Ben already knew.
                                                 (Stowell 1981, 397)
    c. *(That) he would bring some friends, John promised.

(iii) that 節が外置されている場合，that は省略できない．

(73) a. I am sure (that) he's awake, because I have been at home.
    b. I am sure, because I have been at home, *(that) he's awake.
                                                 (Nakajima 1996, 144)

c. I thought (that) they were at home, because the door was unlocked.
　　　d. I thought, because the door was unlocked, *(that) they were at home.

話題化，外置は，いずれも最大投射への付加移動 (adjunction movement) であり，話題化あるいは外置された that 節は，下図のように付加部の位置を占める．したがって，上記 (ii), (iii) は，付加部に位置する that 節では，that が省略されないことを示している．

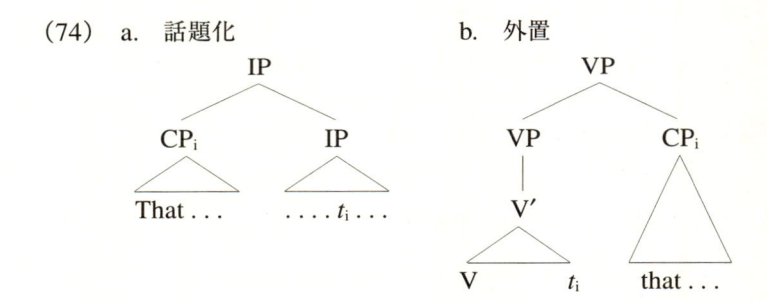

(74) a. 話題化　　　　　　　　b. 外置

```
            IP                              VP
           /  \                            /  \
        CPᵢ    IP                        VP    CPᵢ
        /\    /\                         /\    /\
      That... ...tᵢ...                  V'    that...
                                        /\
                                       V  tᵢ
```

発話様態動詞や名詞の従える that 節の that も省略できないが，これらは付加部を占めるので (⇒ 2.2.1, 2.2.3), (ii), (iii) と同じ統語環境にある that 節である．

　以上をまとめると，that 節補文にみられる補文標識 that の省略は，主語位置，付加部の位置を除いた，述語の補部位置を占める that 節に限定されていると言える．

2.3.2　Stowell (1981) の分析

　補文標識 that の省略現象を，文法の一般原理から導き出そうとした重要な研究に，Stowell (1981) がある．that 節補文は，that を主要部とする CP であるが，Stowell は，that の省略された補文 (以下，ゼロ that 節と呼ぶ) が，C の位置に空範疇の現れる次の構造を持つと仮定することで，that の省略現象を捉えようとした．

(75) ゼロ that 節の構造

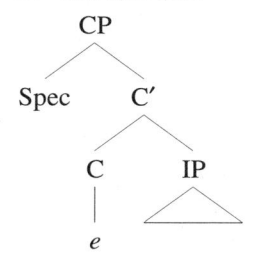

```
        CP
       /  \
     Spec  C'
          /  \
         C    IP
         |
         e
```

いわゆる GB 理論（Government and Binding Theory: 統率束縛理論）には，それを構成する一般原理の１つに，(76)の「空範疇原理」(Empty Category Principle: ECP) がある．(Stowell (1981) では，(76) とは異なる定義の ECP が採用されているが，その後の研究で ECP はかなり改訂されており，ここでは，「主要部統率」(head-government) という概念によって定式化された Rizzi (1990) の定義を採用しておく．詳しくは Rizzi (1990) を参照．)

(76) 空範疇原理: 空範疇は適正に主要部統率 (properly head-govern) されていなければならない．

ECP は，主に，移動操作によって生じる空範疇(痕跡)に課せられる条件であるが，Stowell は，補文標識 that の省略される環境と適正主要部統率を受ける統語的位置に相関関係があるという，Kayne (1981) の観察を受けて，that の省略によって生じる C の位置の空範疇 ((75) の e) も，ECP に従うと提案した．ここで，ECP を構成する主要概念について述べておこう．(76) の「適正主要部統率」(proper head-government) は，次のように定義される．

(77) 適正主要部統率: α が β を主要部統率し，かつ α が β を c 統御 (c-command) するとき，α は β を適正主要部統率する．
(78) 主要部統率: 次の条件を満たすとき，α は β を主要部統率する．
  (ⅰ) $\alpha \in \{A, N, P, V, Agr, T\}$
  (ⅱ) α が β を m 統御 (m-command) する．

　　　　　(iii)　α と β の間に障壁 (barrier) が存在しない.

(78iii) の「障壁」は, 主語 NP と付加部の XP と仮定しておく (詳しくは Chomsky (1986b) を参照).
　(77) と (78) の c 統御と m 統御は, それぞれ次のように定義される.

(79)　c 統御: α と β がいずれも他方を支配せず, α を支配する最初の枝分れ節点 (branching node) が β を支配するとき, α は β を c 統御する.

(80)　m 統御: α が β を支配せず, α を支配するすべての最大投射が β を支配するとき, α は β を m 統御する.

(76) の適正主要部統率の条件を満たす位置は, ほぼ語彙範疇の補部に限定される. 主語位置の IP 指定部は I ((78) の T と同じ) によって c 統御されないので, 適正主要部統率を受ける位置ではない. また付加部も適正主要部統率を受けない. したがって, 主語位置や付加部の位置に移動による痕跡が生じた場合, それらは ECP を満たすことはできない ((81b, c)).

(81)　a.　Who$_i$ do you think [$_{CP}$ (t_i) [$_C$ that] [$_{IP}$ John [$_{VP}$ saw t_i]]]?
　　　b.　*Who do you think [$_{CP}$ (t_i) [$_C$ that] [$_{IP}$ t_i saw Bill]]?
　　　c.　*How$_i$ do you wonder [$_{CP}$ (t_i) [$_C$ whether] [$_{IP}$ John [$_{VP}$ [$_{VP}$ fixed the car] t_i]]]?

補文標識 that の省略現象に話を戻そう. that の顕現しないゼロ that 節が (75) の構造を持ち, なおかつ C の位置の空範疇が ECP に従うとすると, ゼロ that 節の生起可能な環境は, おおよそ補部の位置に限定されることになる. Stowell の分析に従えば, 動詞, 形容詞の補部に位置するゼロ that 節は, 下記 (82) の構造を持ち, C の位置の空範疇は, 主節述語によって適正主要部統率を受けており, ECP を満たしている. 一方, 適正主要部統率を受けることのない主語位置や付加部の位置 (話題化, 外置の移動先など) には, (75) の構造は許されない ((83)).

(82)　a.　Many scientists believe [$_{CP}$ [$_C$ e] [$_{IP}$ Einstein is a genius]].
　　　　　　　　　　　　　　　　　　　　　　　　　　　　　(= (69a))

　　　　b.　I'm sure [CP [C e] [IP John will win the race]].　（= (70a)）
(83)　a.　*[IP [CP [C e] [IP Sue would arrive late]] was expected]
　　　　　　　　　　　　　　　　　　　　　　　　　　　　（= (71a)）
　　　　b.　*[IP [CP [C e] [IP she ever said such a thing]] [IP I simply don't believe]]　　　　　　　　　　　　　　　　　（= (72a)）
　　　　c.　*I [VP [VP [V' am sure [because I have been at home]] [CP [C e] [IP he's awake]]]].　　　　　　　　　　（= (73b)）

　Stowellの分析は，一見複雑にみえる補文標識thatの省略現象を，that節補文とゼロthat節補文の単一要素の違い（Cの位置に空範疇が存在するか否かの違い）に帰着させようとしている点で，興味深いものである．しかし，この分析にまったく問題がないわけではない．
　Stowellの分析の問題点として，補文内で適用する話題化に関する事実をあげることができる．文中の要素を文頭へ移動する話題化は，通例，独立文で適用するが，(85)のように補文内で適用することもできる．

(84)　a.　This book, I really like.
　　　　b.　English muffins, I can eat every morning.
(85)　a.　I hope that this book, you will read.
　　　　b.　The inspector explained that each part he had examined very carefully.
　　　　c.　Robin said that the birdseed, he is going to put in the shed.

補文内で話題化を適用する場合，その着地点には制限がある．話題化要素は，(85)のように，補文標識thatの右側には生起できるものの，その左側には生起できない．

(86)　a.　*I hope this book that you will read.
　　　　b.　*The inspector explained each part that he had examined very carefully.
　　　　c.　*Robin said the birdseed that he is going to put in the shed.

また，ゼロthat節内では，話題化は適用できない．

(87) a. I hope *(that) this book, you will read.
b. The inspector explained *(that) each part he had examined very carefully.
c. Robin said *(that) the birdseed, he is going to put in the shed.

このような特徴は，話題化要素が補文内で特定の位置を占めていなければならないことを示している．補文内で適用する話題化は，CPとIPの間の位置，すなわち，IPへの付加移動と考えることができる．

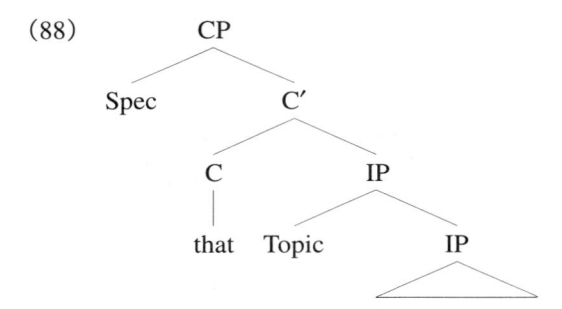

(88)
```
         CP
        /  \
      Spec   C'
            /  \
           C    IP
           |   /  \
          that Topic IP
```

ゼロthat節が (75) の構造を持つとすると，その場合，なぜ，話題化要素がIP付加位置に現れることができないのか，不明である．thatを欠いた (87a) の例は，(89) の構造を持ち，Cの位置の空範疇はECPを満たしているからである．

(89) I hope [$_{CP}$ [$_C$ e] [$_{IP}$ this book$_i$ [$_{IP}$ you will read t_i]]].

したがって，ゼロthat節が (75) の構造を持つとする分析では，Cの位置に空範疇が存在する場合に限って，IPへの付加移動が許されないことを，話題化に関する適用条件として規定しなければならない．しかし，このように個々の移動規則にその適用条件を設けるのは，望ましくない．また，独立文では，(89) と同じ付加構造が許される．

(90) [$_{CP}$ [$_C$] [$_{IP}$ This book$_i$ [$_{IP}$ I really like t_i]]]

ゼロthat節がCPをその構造に持つとする以上，なぜ主節で許される

構造が補文では許されないのか，という問題に原理的な説明を与えることはできない．

2.3.3 IP 補文としてのゼロ **That** 節

Stowell (1981) は，ゼロ that 節補文を補文標識の省略形と考え，(75) の構造を仮定したのだが，そもそもゼロ that 節には，C や CP 指定部を占める要素が存在しないので，ゼロ that 節が CP の階層まで持つと仮定する積極的な根拠は見あたらない．すなわち，that が省略されたかのようにみえるゼロ that 節は，もともと that を持たない IP をその構造とする可能性がある．通常，〈命題〉を担う項は CP として具現するのが一般的であるが，それが，(91) のように，いわば例外的に IP として具現したのがゼロ that 節補文であると考えることができる（Webelhuth 1992; Doherty 1993; Bošković 1997）．

(91) John believes [$_{IP}$ Mary is a genius].

このようにゼロ that 節を IP 補文と考えれば，前節でみた話題化に関する事実を説明することができる．ゼロ that 節において話題化が適用できないのは，それが (93) の原理に違反するからである．

(92) *I hope [$_{IP}$ this book$_i$ [$_{IP}$ you will read t_i]].
(93) 付加は，非項（nonargument）である最大投射に対してのみ可能である．(Chomsky 1986b, 6)

(92) の 2 番目の IP は主節動詞の項であるため，その IP に話題化要素を付加することはできない．一方，that 節補文では，CP が主節動詞の項であって，IP はその項ではない．したがって，話題化による IP への付加は (93) に違反しない．主節 IP への付加移動が許されるのも，これと同じ理由である．

(94) a. I hope [$_{CP}$ [$_C$ that] [$_{IP}$ this book$_i$ [$_{IP}$ you will read t_i]]].
　　 b. [$_{CP}$ [$_C$] [$_{IP}$ This book$_i$ [$_{IP}$ I really like t_i]]]

また，(95) が容認されないのは，(96) に示したいずれの派生方法も許されないからである．

(95) *I hope this book that you will read.
(96) a. *I hope [$_{CP}$ this book$_i$ [$_C$ that] [$_{IP}$ you will read t_i]].
 b. *I hope [$_{CP}$ this book$_i$ [$_{CP}$ [$_C$ that] [$_{IP}$ you will read t_i]]].

(96a) では，話題化要素が CP 指定部へ移動している．このような移動が許されないのは，話題化に限ったことではない．wh 移動は CP 指定部への移動であるが，主要部 C に補文標識を持つ指定部へは移動できない ((97))．したがって，このような制限は，移動規則一般にみられる特徴といえる．

(97) a. *John knows [$_{CP}$ who [$_C$ that] [$_{IP}$ Mary loves]].
 b. *John knows [$_{CP}$ who [$_C$ whether] [$_{IP}$ Mary loves]].
 c. *John knows [$_{CP}$ who [$_C$ if] [$_{IP}$ Mary loves]].

(96b) では，話題化が主節動詞の項である CP に付加しており，(93) の原理に違反する．

(93) の原理の効果は，文頭位置に基底生成される文副詞にもみられる (Doherty 1993, 16)．

(98) a. She prayed that *next Wednesday* the check would arrive.
 b. We concluded that *in the future* he should be closely watched.
 c. We maintained that *in Dublin* good coffee is hard to find.
 d. John claimed that *during the party* Ted squirted water at Eric.

文頭位置 (IP 付加部) に基底生成される文副詞にも，話題化要素と同じ分布制限がみられる ((100) の * は，文副詞が補文を修飾する解釈がないことを示す)．

(99) a. She prayed *(that) *next Wednesday* the check would arrive.
 b. We concluded *(that) *in the future* he should be closely watched.

c. We maintained *(that) *in Dublin* good coffee is hard to find.
d. John claimed *(that) *during the party* Ted squirted water at Eric.

(100) a. *She prayed *next Wednesday* that the check would arrive.
b. *We concluded *in the future* that he should be closely watched.
c. *We maintained *in Dublin* that good coffee is hard to find.
d. *John claimed *during the party* that Ted squirted water at Eric.

したがって，(93) の原理は，話題化規則に特有な条件を述べたものではないことがわかる．

ここで重要なのは，ゼロ that 節を IP 補文とすることで，補文での話題化要素の分布制限を，どのみち必要な条件によって捉えることが可能になるということである．換言すれば，上でみた話題化に関する事実は，ゼロ that 節が IP 補文であることの根拠とみなすことができるのである．

2.3.4 IP 補文に課せられる認可条件

述語の語彙的特徴を記載した項構造には，個々の述語がどのような θ 役を選択するかに関する情報が含まれている．θ 役には，〈動作主〉(Agent), 〈主題〉(Theme), 〈場所〉(Location), 〈命題〉(Proposition) などがあるが，それらが統語構造に具現する場合，それぞれに一般的な具現形がある．これを規範的構造具現 (canonical structural realization: CSR) という (Grimshaw 1981; Chomsky 1986a)．たとえば，〈動作主〉，〈主題〉の CSR は NP，〈場所〉の CSR は PP，〈命題〉の CSR は CP と NP である．

(101) a. [NP John] put [NP the book] [PP on the table].
　　　　　Agent　　　　Theme　　　　Location
b. We expected [CP that Mary would arrive late].
　　　　　　　　　　　　　　　Proposition

　　　　c. We expected [$_{NP}$ Mary's late arrival].
　　　　　　　　　　　　Proposition

個々の θ 役には，その規範的具現形があることから，これを (102) のように一般的に規定することができる．

　(102)　CSR (Agent) = NP　　　CSR (Theme) = NP
　　　　　CSR (Location) = PP　　CSR (Proposition) = CP / NP

規範的構造具現の仮説を認めれば，個々の述語の語彙特性として，その意味選択 (semantic selection: *s*-selection)（項構造のこと）に関する情報さえ語彙目録に指定しておけば，それぞれの θ 役に対応する統語範疇は，(102) によって自動的に決まる (Chomsky 1986a)．

　さて，〈命題〉の CSR が CP であるとすると，IP 補文はその例外的具現形ということになる．that 節補文に特別な分布上の制約がみられないのは，それが〈命題〉の規範的具現形だからであろう．一方，ゼロ that 節が分布上の制限を受けるのは，〈命題〉が例外的に IP として統語構造に具現したためで，このような例外的な具現形は，統語的な条件によって認可されなければならないと考えることができる (Nakajima 1996)．

　IP 補文であるゼロ that 節の生起可能な統語的位置は，述語の補部位置に限定されている (⇒ 2.3.1)．したがって，〈命題〉の具現形 IP 補文に課せられる条件は，次のように述べることができる．

　(103)　定形の平叙節 IP 補文は，それを選択する述語の補部になければならない．

(103) の条件を満たすのは，(104), (105) の動詞，形容詞の補部位置である（いわゆる名詞補文の that 節，発話様態動詞の that 節は，付加部にある (⇒ 2.2.1, 2.2.3)）．それ以外の主語位置，付加部の位置は，(103) の条件を満たすことのできない位置である．

　(104)　a.　Many scientists believe (that) Einstein is a genius.
　　　　　b.　John thinks (that) Mary would arrive late.

(105) a. I am sure (that) John will win the race.
　　　 b. I am glad (that) the semester is over.
(106) a. *(That) Sue would arrive late was expected.
　　　 b. *(That) Clinton would resign is unlikely.
(107) a. *(That) she ever said such a thing, I simply don't believe.
　　　 b. *(That) he would bring some friends, John promised.
(108) a. I am sure (that) he's awake, because I have been at home.
　　　 b. I am sure, because I have been at home, *(that) he's awake.

補文は述語にとって必須要素であり，基底構造では補部位置を占めるが，that 節補文は〈命題〉の基本形であるため，句構造上，述語から離れた位置に移動しても，それを補文と解釈するのに支障はない．一方，ゼロ that 節は例外的な IP 補文であり，その構造は主節の構造に類似している．したがって，ゼロ that 節が平叙節補文として機能するには，句構造上，補文の現れる典型的な位置に生起しなければならないと考えられる．

2.4　間接疑問文

2.4.1　間接疑問文の基本構造

補文はその意味タイプ（平叙文あるいは疑問文）に応じて，異なる補文標識を持つ（⇒ 2.1）．定形の平叙節が補文標識 that によって導かれるのに対して，間接疑問文では，wh 句，whether, if が補文を導く．

(109) a. I wonder who I should invite.
　　　 b. I don't know who Bill saw yesterday.
(110) a. I wonder {whether / if} I should invite Bill.
　　　 b. I don't know {whether / if} Bill saw John yesterday.

(109), (110) の例は，それぞれ (111a), (111b) の構造を持ち，いずれの場合も C は [+WH] の指定を受けている．補文標識の whether, if は，[+WH] C の具現形である．

(111) a. ... [$_{VP}$ V [$_{CP}$ who [$_C$ [+WH]] [$_{IP}$ ...]]]
　　　 b. ... [$_{VP}$ V [$_{CP}$ [$_C$ whether / if] [$_{IP}$ ...]]]

(111a) の C の位置には語彙要素が現れないが，その場合も C は [+WH] 素性を持つ．このように考えるのは，補文標識 that と whether / if が相互排除的であるのと同じく（⇒ 2.1），wh 疑問詞も補文標識の that と共起できないからである．

(112)　a. *I wonder who that I should invite.
　　　 b. *I don't know who that Bill saw yesterday.
　　　 c. *I wonder whether that I should invite Bill.
　　　 d. *I don't know if that Bill saw John yesterday.

また wh 疑問文では，主文，補文の区別にかかわらず，wh 句がかならず [+WH] C の指定部へ移動しなければならない．これらの事実からすると，(111a) の wh 句と [+WH] C には，「一致関係」が成り立っているとみることができる．(111a) では C とその指定部が一致しているので，これを「指定部・主要部の一致」(Spec-head agreement) という．通常「一致」というと，主語と動詞の人称・数に関する一致を想起するが，この一致においても，IP 指定部に位置する主語名詞句が I の位置の人称・数に関する素性と一致しており，「指定部・主要部」という構造上の関係にある．

(113)　a.　John is here.
　　　 b.　[IP John [I +Agr] [VP be here]]
　　　　　　└─────────┘
　　　　　　Spec-head agreement

wh 疑問文の C の位置には一致を要求する [+WH] 素性があると仮定することで，英語の wh 移動の義務性と，主語と動詞の一致の義務性を平行的に扱うことができる．

　補文標識の whether, if は，wh 疑問文に現れることはできない．

(114)　a. *I wonder who whether I should invite.
　　　 b. *I don't know who if Bill saw yesterday.

(114) は，C の位置に [+WH] 素性の具現形である whether, if が生じると，その指定部へは wh 句が移動できないことを示している．先に述べ

た「指定部・主要部の一致」という観点からすると，whether, if は一致を要求しない要素ということになる．すると，疑問文を導く [+WH] C は，次のように「一致型」と「非一致型」の2種類に下位分類することができる (Fukui and Speas 1986)．

(115) 　[+WH] C ＜ 一 致 型: 指定部に wh 句を要求する
　　　　　　　　　　非一致型: whether, if

このように，疑問文を導く補文標識 C を「一致型」と「非一致型」に区分することによって，whether / if と wh 句が相互排除的な関係にあることを捉えることができるが，この区別は以下に述べるように，間接疑問文の省略現象を捉えるのにも有効である (Lobeck 1990)．

間接疑問文の省略文には，(116) のような例がある．(116) では，それに対応する (117) の斜体の部分が省略されており，このような削除操作を間接疑問縮約 (Sluicing) という (Ross 1969)．

(116) a. The dog buried something in the backyard, but I don't know what.
　　　b. He is writing something, but you can't imagine what.
(117) a. The dog buried something in the backyard, but I don't know what *the dog buried in the backyard*.
　　　b. He is writing something, but you can't imagine what *he is writing*.

(116) の省略文は，IP の削除された次の構造を持つ．

(118) 　... [$_{VP}$ V [$_{CP}$ *wh*-phrase [$_C$ [+WH]] [$_{IP}$ *e*]]]

(117) のような wh 疑問文では，IP を削除することができるが，whether, if の導く IP は，間接疑問縮約の対象にはならない (Ross 1969)．

(119) a. *Ralph knows that I went, but his wife doesn't know whether.
　　　b. *John says Mary went on vacation, but I don't know if.
(120) 　... *[$_{VP}$ V [$_{CP}$ [$_C$ whether / if] [$_{IP}$ *e*]]]

IPが削除されているという点では (116) と (119) は同じであるため，両者を区別するのは C の性質の違いと考えられる．すなわち，(116) と (119) の対比は，「指定部・主要部の一致」を要求する C があるか否かによる．Lobeck (1990) は，間接疑問縮約によって削除された IP は，概略次の条件に従うとしている．

 (121) 疑問文で削除された IP は，一致要素の補部でなければならない．

(118) の空の IP は，wh 句と一致する [+WH] C の補部に位置するので，(121) の条件を満たすが，(120) の whether, if は，非一致型の補文標識であるため，IP 削除は許されない．
 このように疑問文を導く補文標識を「一致型」と「非一致型」に区分することによって，wh 句と whether / if が C の投射内に共起できないという事実に加えて，間接疑問文の省略現象も捉えることができる．

2.4.2　疑問文の意味的特徴
 補文を選択する述語は，次の3種類に分けることができる．
(i) 疑問文のみを補文にとる述語: ask, inquire, investigate, wonder, etc.

 (122) a. John wondered who Bill saw.
     b. John wondered {whether / if} he should see Bill.
     c. *John wondered that he should see Bill.

(ii) 疑問文 / 平叙文を補文にとる述語: decide, forget, know, remember, etc.

 (123) a. John knows where Mary went.
     b. John knows {whether / if} Mary will go.
     c. John knows that Mary will go.

(iii) 疑問文を補文にとらない述語: assert, believe, claim, expect, think, etc.

(124) a. John thought that Bill saw someone.
b. *John thought who Bill saw.
c. *John thought {whether / if} Bill saw John.

上記 (i)–(iii) は，述語がどのような意味タイプの補文をとりうるかに関して，「選択制限」があることを示している．このような「選択制限」は，個々の述語がどのような意味範疇をその内項にとりうるかに関する情報を，語彙記載項目に指定することで捉えることができる（Q, P は，それぞれ疑問，命題の θ 役を表す）．

(125) a. wonder: ⟨Q⟩
b. know: ⟨Q / P⟩
c. believe: ⟨P⟩

(i)–(iii) の述語を区別するために，間接疑問文の θ 役を ⟨Q⟩ としたが，疑問文を特徴づける意味特性とはどのようなものであろうか．Bresnan (1972) は，疑問文の意味的特徴は「不確定性」(indeterminacy) であると言う．

(126) のような S 構造を持つ wh 疑問文は，wh 句のもともとの位置にその痕跡を含む．wh 疑問文は，この痕跡の位置に対応する値を疑問の対象としており，文の論理構造の表示される論理形式（Logical Form: LF）と呼ばれるレベル（疑問詞や数量詞のスコープなど，統語構造に基づいて決定される意味が表示される文法の表示レベル）では，痕跡は変項 (variable) と解釈される．

(126) [$_{CP}$ Who$_i$ did [$_{IP}$ Bill see t_i]]?

つまり，wh 疑問文では，疑問詞によって束縛される変項の値が不確定なのである．

一方，(127) の whether / if の導く yes-no 疑問文や選択疑問文には，wh 疑問文のように痕跡は存在しないが，補文の表す命題内容の真偽，あるいは，離接的接続詞 (disjunctive conjunction) の or によって表される

ように（(127b)），命題の選択が不確定である．

(127)　a.　I don't know whether / if they serve breakfast.
　　　 b.　I don't know whether / if it will rain or be sunny.

このような疑問文の意味特徴は，次の対比にみることができる．次の例では，wh 句の後に同格句が現れるが，そのさい，同格句は離接的同格句（appositive disjunction）でなければならない（Grimshaw 1979, 284）．

(128)　a.　John asked who, Tom or Harry, had gone to the movies.
　　　 b.　*John asked who, (namely) Tom and Harry, had gone to the movies.

(128a) では，wh 句のとりうる値に選択肢が指定されているものの，選択肢のうちどちらの値が選ばれるのかは，不確定である．一方，(128b) では，合接的同格句（appositive conjunction）によって wh 句のとりうる値が確定されており，疑問文の意味特徴を満たしていない．

　また，次の例は，wh 句内に形容詞を含んでいるが，形容詞の前に強意語の very を置くことはできない（Grimshaw 1979, 282）．

(129)　a.　Fred will ask how tall John is.
　　　 b.　Fred is wondering how fast John can run.
(130)　a.　*Fred will ask how very tall John is.
　　　 b.　*Fred is wondering how very fast John can run.

(129) の例は，それぞれ「ジョンの背丈」，「ジョンの走る速さ」が不確定である．(130) が容認されないのは，very によって wh 句が確定的要素となっているからである．

　補文に疑問文を許容しない上記 (iii) の述語に共通する特徴を抽出するのは難しいが，疑問文の意味的特徴が「不確定性」であるとすると，(iii) の述語は，このような意味特徴とは相容れない述語と言うことができる．(iii) の述語には断定的述語（assertive predicate）が含まれるが，断定的述語は，その補文が表す命題内容を断定的に述べる述語で，疑問文の「不

確定性」という意味特徴とは相反する特徴を備えている．

2.4.3 潜伏疑問文

間接疑問文は，通例，節として現れるが，次のように疑問文と同じ意味で名詞句が現れることがある．

(131) a. James figured out the plane's arrival time.
b. John refused to tell the police the fellows who had been involved.
c. Susan found out the place where the meeting was to be held.
d. Fred tried to guess the amount of the stolen money.

(132) a. James figured out what the plane's arrival time would be.
b. John refused to tell the police which fellows had been involved.
c. Susan found out where the meeting was to be held.
d. Fred tried to guess how much money had been stolen.

(131)のように名詞句の構造を持つ間接疑問文を，潜伏疑問文（concealed question）という（Baker 1968）．(131)の名詞句が間接疑問文の一種であることは，それが，疑問文を補文にとる述語と共起しなければならないことからも確認できる．

(133) a. *Harold firmly {believed / asserted / denied} the kind of candy Jill likes.
b. *Harold firmly {believed / asserted / denied} what kind of candy Jill likes.

(131)のように疑問文が名詞句として現れうるのは，θ役⟨Q⟩のCSRがCPとNPであるからであろう．

　潜伏疑問文は，CPの構造を持つ間接疑問文と同義であるが，すべての間接疑問文が名詞句として具現するわけではない．たとえば形容詞は，潜伏疑問文をとることはできない．

(134) a. John is uncertain [$_{CP}$ what time it is].
　　　 b. *John is uncertain [$_{NP}$ the time].
(135) a. I'm not sure [$_{CP}$ what beer John drinks].
　　　 b. *I'm not sure [$_{NP}$ the beer John drinks].

また，動詞にも潜伏疑問文を許容するものと，そうでないものがある．

(136) a. I asked [$_{CP}$ what answer he gave].
　　　 b. I asked [$_{NP}$ the answer he gave].
(137) a. John wonders [$_{CP}$ what time it is].
　　　 b. *John wonders [$_{NP}$ the time].
(138) a. Mary cares [$_{CP}$ where we are going].
　　　 b. *Mary cares [$_{NP}$ our destination].
(139) a. John doesn't give a damn [$_{CP}$ what time it is].
　　　 b. *John doesn't give a damn [$_{NP}$ the time].

このような違いは，動詞の格付与能力による (Pesetsky 1982)．形容詞は格を与えないので，名詞句を従えることはできない．ただし，次のように前置詞を挿入すれば，(134b)，(135b) は適格文になる．

(140) a. John is uncertain about the time.
　　　 b. I'm not sure about the beer John drinks.

(136) の ask とは異なり，(137)–(139) の動詞はいずれも受動態にはできない動詞であり，名詞句に対格を与えることはできない ((142))．この場合も，前置詞によって格が保証されれば，(143) のように文法的な文になる．

(141) It was asked what time it was.
(142) a. *It is wondered what time it is.
　　　 b. *It is not cared where we are going.
　　　 c. *It wasn't given a damn what time it was.
(143) a. John wonders about the time.
　　　 b. Mary cares about our destination.

c. John doesn't give a damn about the time.

名詞句として生じる潜伏疑問文をとる述語は，対格を付与しうる動詞であり，上記の潜伏疑問文の許されない例は，「格フィルター」によって自動的に排除される．したがって，個々の述語の語彙記載項目に，それが名詞句をとりうるか否かに関する情報を指定しておく必要はない．

2.4.4　Whether 節と If 節の分布制限

(144) の間接疑問文では，補文標識の whether, if のうちどちらが選ばれてもよいが，両者には下記 (i)–(v) にみられるような分布上の相違点がある．

(144) a. I wonder {whether / if} I should invite Bill.
　　　 b. I'm not sure {whether / if} John will go.

(i)　whether 節は主語位置に現れるが，if 節は現れない．

(145) a. {Whether / *If} she likes the present is not clear to us.
　　　　　　　　　　　　　　　（Quirk et al. 1985, 1053）
　　　 b. {Whether / *If} Clinton would resign is not obvious.

(ii)　whether 節は，話題化によって文頭位置へ移動することができるが，if 節は話題化によって移動できない．

(146) a. {Whether / *If} she was at home, the police are investigating.
　　　 b. {Whether / *If} John would be hired, we still don't know.

(iii)　whether 節は外置することができるが，if 節はできない（Nakajima 1996, 144）．

(147) a. I am not sure {whether / if} he's awake, because I have not been at home.
　　　 b. I am not sure, because I have not been at home, {whether / *if} he's awake.

(148) a. I'm going to find out {whether / if} they cleaned up the mess, when I come home.
b. I'm going to find out, when I come home, {whether / *if} they cleaned up the mess.

(iv) whether 節は同格節になれるが，if 節はなれない．

(149) a. The question {whether / *if} he is an eligible candidate will be subject to further discussion.
b. You haven't answered my question {whether / *if} you are willing to do the job.

(v) whether 節は前置詞の目的語になれるが，if 節はなれない．

(150) a. It all depends on {whether / ?*if} they will support us.
(Quirk et al. 1985, 1053)
b. The question of {whether / *if} this is correct remains unanswered.

上記 (ii)，(iii) は付加部の位置である．また，(iv) の名詞に後続する節は，同格節であり，句構造上付加部に位置すると考えられる．すると，if 節の生起する統語環境は，動詞，形容詞の補部に限定されていることになる．このような分布制限は，2.3.1, 2.3.3 でみたゼロ that 節の分布制限に酷似している（Nakajima 1996）．ただし，that 節とゼロ that 節は，if 節同様，前置詞の目的語にはなれない．

(151) His success depends upon {*that / *ϕ} it will be fine.
(Nakajima 1996, 144)

通常，前置詞の目的語になれるのは，範疇素性 [+N] を持つ NP である．whether 節，if 節，that 節，ゼロ that 節は名詞節であることから，いずれも [N] 素性を持つものの，whether 節では，それが [+N] と指定されているのに対して，that 節，ゼロ that 節，if 節の [N] 素性は，+/− の指定を受けていない [αN] であると考えることができる（Nakajima

1996).そのため,that 節,ゼロ that 節,if 節は,[+N] の範疇素性を持つ名詞句とは異なり,前置詞の目的語になれないと考えられる.

(152) whether 節,if 節,that 節,ゼロ that 節の分布制限

	動詞の補部	形容詞の補部	主語位置	話題化/外置位置	同格節	前置詞の目的語
whether 節	○	○	○	○	○	○
if 節	○	○	×	×	×	×
that 節	○	○	○	○	○	×
ゼロ that 節	○	○	×	×	×	×

ここで興味深いのは,if 節では補文標識が有形であるにもかかわらず,ゼロ that 節と同じ分布制限を受けるということである.以下,if 節と whether 節の分布制限を手がかりに,それぞれの補文構造を検討することにする.

2.4.5 Whether 節と If 節の構造

2.3.3 では,ゼロ that 節補文は,C の投射を持たない IP をその構造に持つとした.通常,whether と if は C に位置すると考えられているが,ゼロ that 節と if 節が同じ分布制限を示すことから,補文標識 if は,whether とは異なる統語的位置を占める可能性がある(Nakajima 1996).

if 節には C の投射が存在しないということを示すことができたならば,補文標識 if は whether や that とは異なる位置を占めると言うことができる.if 節には C がないと考える根拠として,if が不定詞節を導けないという事実をあげることができる.

(153) a. I don't know {whether / *if} to see my doctor today.
             (Quirk et al. 1985, 1053)
      b. I can't decide {whether / *if} to postpone or cancel it.
(154) a. I don't know {whether / if} I should see my doctor today.
      b. I can't decide {whether / if} I should postpone or cancel it.

whether は，時制節，不定詞節のどちらもとることができるが，これは CP 指定部に位置する wh 句と同じ特徴である((155))．したがって，whether は，従来どおり CP の主要部に位置すると考えてよいだろう．

(155) a. I can't decide what to do next.
b. I can't decide what I should do next.

不定詞節には，主語位置に有形の名詞句が現れる(156a)の構造を持つものと，音形を持たない主語(意味上の主語: sense subject. 以下，PRO と表記)を持つ(156b)の構造を持つものがある(詳しくは第3章を参照)．

(156) a. V [NP to do]
b. V [PRO to do]

(156a)の構造の不定詞節をとる動詞には believe などがあり，この動詞類は(156b)の不定詞節を導くことはできない．一方，try は，(156b)の構造の不定詞節を導く動詞で，(156a)の不定詞節をとることはできない．以下がその具体例である．

(157) a. John believes [Mary to have won the race].
b. *John believes [PRO to have won the race].
(158) a. John tried [PRO to win the race].
b. *John tried [Mary to have won the race].

上記の対比は，believe タイプの動詞がその補文に IP をとるのに対して，try タイプの動詞は CP をとると仮定することで，(161) の「PRO の定理」(PRO theorem)によって捉えることができる(Chomsky 1981)(ここでは便宜上，(161)の「統率」(government)を，2.3.2 でみた「主要部統率」と同じ概念としておく).

(159) a. John believes [$_{IP}$ Mary to have won the race].
b. *John believes [$_{IP}$ PRO to have won the race].
(160) a. John tried [$_{CP}$ [$_C$] [$_{IP}$ PRO to win the race]].
b. *John tried [$_{CP}$ [$_C$] [$_{IP}$ Mary to have won the race]].

(161) PRO の定理: PRO は統率されてはならない.

believe タイプの動詞は IP 補文をとるので, 不定詞節の主語位置の PRO は主節動詞によって統率され, PRO の定理に違反する((159b)). 一方, try タイプの動詞は CP 補文をとるので, (160b) では, CP が主節動詞による PRO の統率を阻止する. したがって, try タイプの動詞の導く不定詞節の主語位置には, 主節動詞によって格が与えられることはなく, その位置に有形の名詞句が現れることはできない. このような説明が成り立つためには, (156b) の構造を持つ不定詞節にはかならず C の投射が存在しなければならない. このことは, C の位置を占める whether が (156b) の不定詞節をとりうるという事実によって, 裏打ちされている(ただし, 補文標識 whether は PRO の統率子 (governor) ではないとしなければならない (Kayne 1981)).

補文標識 if は, (156b) の構造を持つ不定詞節を導けないこと, また, if 節は C の投射を欠いたゼロ that 節と同じ分布制限を示すことから, if 節には C の投射がなく, したがって, if は whether とは異なる統語的位置を占めると考えることができる. 通常, 従属節は, C がその補部に IP を従える (162) の構造を持つと考えられているが, (163) の例が示すように, 埋め込み文内で主語・助動詞倒置を伴う否定構成素前置 (Negative Constituent Preposing) が適用することから, その移動先となる統語的位置が, C と IP の間に存在すると考えられる (Culicover 1992, 48).

(162) [CP [C] [IP ...]]
(163) a. Lee said that at no time would she agree to visit Robin.
b. It is apparent that only on Friday will the traffic be too heavy to get there in time.

ここでは Culicover (1992) に従って, (163) の否定構成素の移動先を PolP (Polarity Phrase) としよう(このほかには, Rizzi and Roberts (1989), Laka (1990), Rizzi (1991), Authier (1992), Nakajima (1996) などがそれぞれ独立の根拠をもとに, C と IP の間に PolP のような機能範疇が存在すると提案している. ここでは, その範疇を PolP としたが,

それをどのように呼ぶかは重要ではない). この分析によれば, (163) の補文は, 以下の構造を持つ.

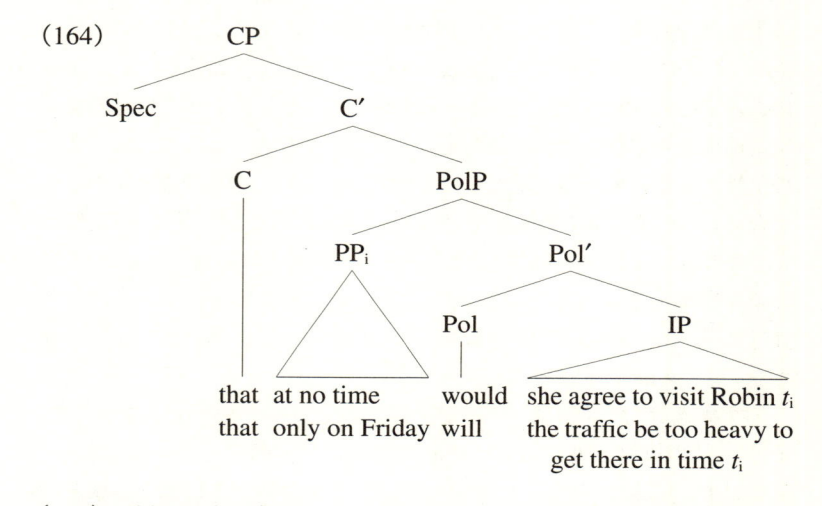

(164)
```
              CP
            /    \
         Spec     C'
                 /  \
                C    PolP
                    /    \
                  PP_i    Pol'
                   △    /    \
                       Pol    IP
                              △
        that  at no time     would  she agree to visit Robin t_i
        that  only on Friday will   the traffic be too heavy to
                                    get there in time t_i
```

(163) の例が示すように, C と IP の間にもう1つ機能範疇の投射があることから, whether とは異なる特徴を持つ if は, PolP の主要部に位置すると仮定してみることにしよう.

否定構成素前置のような移動規則は, 文頭へ移動する要素を強調するという語用論的な機能を持つことから, 通例, 間接疑問文内では適用しにくいが, これは語用論的な制約であるため, その制約の強度は話者によって異なるようである. (165a) の例は, (163) とくらべると容認性は落ちるものの, 完全に非文にはならないと Culicover (1992) は指摘している. ところが, 同じ間接疑問文でも, if 節では否定構成素前置が適用できないようである (Culicover 1992).

(165) a. ?Lee wonders whether at no time at all would Robin volunteer.
b. *Lee wonders if at no time at all would Robin volunteer.

(165) の対比は, 次のように, whether と if がそれぞれ C, Pol に位置

すると仮定する根拠とみなすことができる．

(166) [CP [C whether] [PolP [Pol if] [IP . . .]]]

上で述べたように，否定構成素前置の移動先が Pol の投射であるとすると，if 節ではすでに if が PolP 主要部を占拠しているので，否定構成素前置は適用できないと言うことができる．一方，whether 節では，Pol の投射に要素が現れないので，否定構成素前置は，語用論上の制約を受けるものの，その適用を妨げる統語上の理由はないと考えられる．

さて，if が PolP の主要部に位置し，また，前述したように if 節には C の投射が欠けているとすると，if によって導かれる間接疑問文は，PolP をその構造に持つと考えることができる（(167b)）．

(167) a. I wonder [CP [C whether] [IP I should invite Bill]].
b. I wonder [PolP [Pol if] [IP I should invite Bill]].

疑問節の標準的な構造は，CP である．その具体例が wh 疑問節，whether 節であり，それらは if 節にみられるような分布制限を受けない．if 節が (167b) のような構造を持つとすると，それは間接疑問文としては例外的な構造具現であり，ゼロ that 節と同じように，特定の統語環境で認可されなければならないと考えることができる．その条件は，次のように述べることができる．

(168) 疑問節 PolP 補文は，それを選択する述語の補部位置になければならない．

(168)の条件を満たすのは，動詞，形容詞の補部位置であり（(169)），それ以外の統語環境(主語位置，付加部の位置など)に生じる if 節は，この条件を満たすことはできない．

(169) a. I wonder {whether / if} I should invite Bill.
b. I'm not sure {whether / if} John will go.

if 節やゼロ that 節は，補文としては有標な (marked) 構造を持つ．そのため，それらが補文として機能するためには，句構造上安定した位置，

すなわち補文の現れる典型的な位置に生起しなければならないと言うことができる．

2.5 間接感嘆文

2.5.1 感嘆節の諸特徴とその構造

　話者にとって異常に感じられることや予想外な状況について述べるとき，次のような感嘆文が用いられる．(170)の感嘆文は，それに対応する平叙文(171)の斜体の部分を，wh 移動によって文頭へ移動することによって派生される．

(170) a. What an attractive woman she is!
b. What expensive clothes she wears!
c. How fast John can run!
d. How beautiful these flowers are!

(171) a. She is *such an attractive woman*.
b. She wears *such expensive clothes*.
c. John can run *so fast*.
d. These flowers are *so beautiful*.

感嘆文と疑問文は，wh 句が文の先頭にくる点で類似しているが，主節では，語順によって両者を区別することができる．しかし，補文として感嘆文が生じると ((172a))，その表層形は，間接疑問文 ((172b)) と区別しがたい場合がある．

(172) a. It's amazing how tall John is.
b. Fred will ask how tall John is.

また，(173)の補文は，疑問文，感嘆文のいずれにも解釈することができる．

(173) a. Fred knows how tall John is.
b. Fred found out how fast John can run.

　このように感嘆節は，表面上疑問節に類似しているが，両者には明確な

相違点がみられる．以下，感嘆文の諸特徴をみることにする（感嘆文については，本シリーズ第3巻『文の構造』も参照）．

まず，主節の感嘆文では，倒置が生じない．

(174) a. How fast John can run!
b. John can run very fast.
c. How fast can John run?

補文では，疑問文と感嘆文を語順によって区別することはできないが，感嘆文は，主節の基本語順がそのまま補文でも受け継がれていると言える．

any, ever などの否定対極表現 (negative polarity item) は，疑問文には現れるが，感嘆文には現れない (Elliot 1974, 234)．

(175) a. I don't know how Joe saves any money.
b. *It's fantastic how Joe saves any money.
(176) a. I'd like to know what you ever did for me.
b. *It's amazing what you ever did for me.

感嘆文に否定対極表現が生起できないのは，肯定の平叙文と同じ特徴である．

(177) a. *Joe saved any money.
　　　(*cf.* Joe saved some money.)
b. *Joe ever did it for me.

how 型感嘆文の wh 句内部の形容詞は，very, unbelievably, extremely などの副詞と共起するが，wh 疑問文の形容詞は共起しない (Elliot 1974, 224)．

(178) a. It's amazing how {very / unbelievably / extremely} long he can stay under water.
b. *I wonder how {very / unbelievably / extremely} long he can stay under water.

また，感嘆文，疑問文のどちらにも解釈できる (173) の例にこれらの副

詞を挿入すると，疑問文の解釈はなくなる (Grimshaw 1979, 283)．

(179) a. Fred knows how very tall John is.
b. Fred found out how very fast John can run.

補文標識の whether は，感嘆文の wh 句にはなれない．

(180) a. It's unknown whether Bill will be here (or not).
b. *It's incredible whether Bill will be here (or not).

感嘆文と疑問文の wh 句には，同格句が後続できるが，前者では合接的同格句，後者では離接的同格句でなければならない (Grimshaw 1979, 284)．

(181) a. John was surprised at who, (namely) Tom and Harry, had gone to the movies.
b. *John was surprised at who, Tom or Harry, had gone to the movies.
(182) a. *John asked who, (namely) Tom and Harry, had gone to the movies.
b. John asked who, Tom or Harry, had gone to the movies.

感嘆文は，表面上疑問文に類似しているものの，疑問文にはみられない特徴を備えていることがわかる．また，上でみた特徴のいくつかは平叙文に共通するもので，感嘆文は疑問文よりもむしろ平叙文に近いと言える．

感嘆文は，その性質上，それが表す命題が真であるという前提を持つ．つまり，(183a) の感嘆文が成り立つためには，(183b) の平叙文の表す命題が真でなければならない．

(183) a. How tall John is!
b. John is tall.

したがって，補文に感嘆文をとる述語は，補文の表す命題内容が真であるという前提(以下，これを叙実的前提 (factive presupposition) と呼ぶ)を持つ，amazing, incredible, know, regret, surprising などの叙実述語

(factive predicate)でなければならない．補文の命題内容を叙実的前提としない claim, think などの非叙実述語（non-factive predicate）は，その補文に感嘆文をとることはできない．

(184) a. *I claim how very tall Bill is.
   b. *John thought what a fool Bill turned out to be.

また，(185a)のように主語が一人称で現在形の叙実述語を，否定形にすることはできない．(185b)のように，主節で，補文の表す命題内容を話者が知らないと述べるのは，補文の叙実的前提と矛盾するからである（Kiparsky and Kiparsky 1970）．それに対して，真偽値を下せるような命題ではない疑問文をとる述語は，否定形にしても前提と矛盾することはない（(185d)）．

(185) a. I know that John left.
   b. *I don't know that John left.
   c. I know whether John left.
   d. I don't know whether John left.

この点に関して，間接感嘆文は平叙文と同じ振る舞いをする．

(186) a. I know how very tall John is.
   b. *I don't know how very tall John is.

これらの事実は，感嘆節が疑問節よりも，叙実的前提を持つ平叙節に類似していることを示している．

以上，感嘆文は，疑問文とは明確に異なる特徴を備えていることをみたが，感嘆文を特徴づける性質とはどのようなものであろうか．上で述べた感嘆文の特徴は，いずれも疑問文の「不確定性」という特徴とは対極にあり，したがって，感嘆文を特徴づけているのは「確定性」（determinacy）であると言うことができる（Grimshaw 1979）．すなわち，感嘆文の wh 句の値は，確定的要素であり，不確定要素とは相互排除的な関係にある．たとえば，上例 (178a) の感嘆文に very, unbelievably, extremely など

の副詞が生起できるのは，それらが wh 句の変項の値を確定化する要素だからである．また，感嘆文の wh 句が離接的同格句を許容しないのは，それが wh 句の値に選択肢を与える不確定要素だからである（(181b)）．

間接感嘆文は平叙文に類似した特徴を持つことから，〈命題〉を担うとしよう．〈命題〉の CSR は CP と NP であることから（⇒ 2.3.4），感嘆節は次のような CP の構造を持つと考えられる（NP の構造を持つ感嘆文については，2.5.2 を参照）．

(187)　It's incredible [$_{CP}$ how tall [$_C$ [–WH]] [$_{IP}$ John is]].

(187) の補文構造は，表面的には疑問文に類似しているものの，感嘆文の C は平叙文の C 同様 [–WH] としなければならない（今井・中島 1978）．このように仮定することで，上でみた感嘆文と平叙文の類似性を捉えることができる．

2.4.1 では，一致型の [+WH] C の導く IP に限って削除することができることをみた（(188b)）．間接感嘆文は，間接疑問文に類似した構造を持つものの，CP の主要部が [–WH] であるとすると，間接感嘆文の IP は削除できないことになる．実際，その予測どおり，間接感嘆文の省略形は許されない（(189b)，(190b)）．

(188)　a.　He is writing (something), but you can't imagine {why / how} he is writing.
　　　　b.　He is writing (something), but you can't imagine {why / how}.
(189)　a.　John saved a lot of money, and it's amazing how he saved a lot of money.
　　　　b.　*John saved a lot of money, and it's amazing how.
(190)　a.　Sue bought that coat, and I'm surprised at why she bought that coat.
　　　　b.　*Sue bought that coat, and I'm surprised at why.

感嘆文の [–WH] C は，IP 削除を認可できないが，これは平叙文にも当てはまる特徴である．平叙文の C も [–WH] の指定を受けていることに

注意されたい．(不定詞補文を導く補文標識 for ((191b)) については，第3章で詳述する．)

(191) a. Robin saw someone, but I don't believe [CP [C that] [IP Robin saw someone]].
b. Mary was hoping for Bill to win, but [CP [C for] [IP Bill to win]] is impossible.
(192) a. *Robin saw someone, but I don't believe [CP [C that] [IP e]].
b. *Mary was hoping for Bill to win, but [CP [C for] [IP e]] is impossible.

感嘆文のCの位置の [–WH] は，平叙節や疑問節のように具現形を持たないが，その存在は，省略文にみることができるのである．

感嘆文のCが [–WH] であると考える根拠を，もう1つみておこう．(193) の補文は，間接感嘆文，間接疑問文のどちらにも解釈できるが，それが (194a), (194b) のようにそれぞれ間接疑問文，間接感嘆文と等位接続されると，曖昧性はなくなる (Elliot 1974, 239)．すなわち，(194a), (194b) の補文は，それぞれ間接疑問文，間接感嘆文と解釈される．

(193) I know how tall he is.
(194) a. I know how tall he is and whether he is overweight.
b. I know how tall he is and what a fantastic shoe size he takes.

(194) の事実は，感嘆文は，疑問文と同じ CP をその構造に持つものの，その主要部は，疑問文のそれとは相容れない性質を備えていることを示している．

2.5.2 潜伏感嘆文

間接疑問文と同じように，間接感嘆文も名詞句として現れることができる (Elliot 1974)．(195) の斜体の部分は，それぞれ (196) の間接感嘆文に対応する．このような名詞句を，潜伏感嘆文 (concealed exclamation)

という．

(195) a. It's amazing *the big car he bought*.
b. You'd be surprised at *the big cars he buys*.
c. You'd never believe *the fool he turned out to be*.

(196) a. It's amazing *what a big car he bought*.
b. You'd be surprised at *what big cars he buys*.
c. You'd never believe *what a fool he turned out to be*.

(195)のように感嘆文が名詞句として現れうるのは，〈命題〉のCSRがCPとNPだからである．

　名詞句の構造を持つ潜伏感嘆文は，当然のことながら，補文に感嘆文をとる述語と共起しなければならない．たとえば，間接感嘆文をとりうる動詞 admit は，潜伏感嘆文もその補部にとりうるが，補文に間接感嘆文をとれない動詞 concede は，潜伏感嘆文もとることはできない（Grimshaw 1979, 302）．

(197) a. John refused to admit what an outrageous size his salary was.
b. John refused to admit the outrageous size of his salary.

(198) a. *John refused to concede what an outrageous size his salary was.
b. *John refused to concede the outrageous size of his salary.

間接感嘆文は，叙実的前提を持つ平叙文と同じ振る舞いをするが（⇒ 2.5.1），その特徴は潜伏感嘆文にも当てはまる．すなわち，間接感嘆文が叙実述語の否定形と共起できないのと同様に，潜伏感嘆文も共起できない．

(199) a. I know what an incredible height the building is.
b. *I don't know what an incredible height the building is.
c. *I don't know the incredible height of the building.

　また，incredible のような形容詞は，間接感嘆文に現れる副詞 very と

同じ効果を持つ (⇒ 2.5.1). このような形容詞は，潜伏感嘆文には生起できるが，潜伏疑問文には生起できない．(200a) の斜体部は，潜伏疑問文，潜伏感嘆文のどちらにも解釈できるが，強意語の incredible を挿入した (200b) の斜体部は，潜伏感嘆文の解釈のみを許す (Grimshaw 1979, 299). (200) の対比は，間接感嘆文と間接疑問文にみられる対比と同じである (⇒ 2.5.1).

(200) a. Fred found out *the height of the building*.
b. Fred found out *the incredible height of the building*.

このように潜伏感嘆文は，間接感嘆文と同じ特徴を持つが，間接感嘆文のすべてが潜伏感嘆文として現れるわけではない．名詞句の構造を持つ潜伏感嘆文は「格フィルター」の制約を受けるので，たとえば，対格を付与しない care, complain, give a damn などの動詞の補部位置には生起できない．

(201) a. I don't care [CP what an incredible height the building is].
b. *I don't care [NP the incredible height of the building].
(202) a. Bill complained [CP how incredibly hot it was].
b. *Bill complained [NP the incredible heat].
(203) a. I don't give a damn [CP what an outrageous size his salary is].
b. *I don't give a damn [NP the outrageous size of his salary].

潜伏感嘆文と潜伏疑問文はともに名詞句であることから，同じ分布制限を持つが，潜伏感嘆文は，次の点で潜伏疑問文とは異なる．(204) が示すように，潜伏感嘆文は主語位置には生起できない (Grimshaw 1979, 300).

(204) *The incredible size of his shoes is amazing.
(205) a. The height of the building wasn't clear.
b. What the height of the building was wasn't clear.

潜伏感嘆文と同様に，CP の構造を持つ間接感嘆文も，主語位置には生起できない．

(206) *What an incredible size his shoes are is amazing.

(Grimshaw 1979, 300)

また，以下の対比が示すように，潜伏感嘆文は外置された位置に現れるという点で，潜伏疑問文とは異なる (Grimshaw 1979, 300)．

(207) a. It's amazing the kind of beer he drinks.
b. *It's not clear the kind of beer he drinks.

(207a) の潜伏感嘆文は，もとの位置に代名詞を残す右方転位 (Right Dislocation) によって移動したのではない．通常，右方転位では (208) が示すように，右方転位された名詞句と代名詞が性・数において一致するが，潜伏感嘆文にはそのような一致はみられないので ((209))，(207a) の潜伏感嘆文は外置によって移動されたと考えられる．

(208) a. They're long, the books Bill is reading.
b. *It's long, the books Bill is reading.
(209) a. It's amazing the long books Bill reads.
b. *They're amazing the long books Bill reads.

ただし，(210b) が容認されないことから，潜伏感嘆文を外置できるか否かは，述語によって異なるようである (Grimshaw 1979, 300)．

(210) a. It's irrelevant what a big car he drives.
b. *It's irrelevant the big car he drives.

第 3 章　不定詞補文

3.1　はじめに

　動詞が数・人称の点で主語と一致する補文を定形補文というのに対して，動詞が主語と一致しない補文を非定形補文という．非定形補文には，(1a)のような分詞補文 (participial complement)，(1b)のような動名詞補文 (gerundival complement)，(1c)のような不定詞補文 (infinitival complement) の3つがある．

(1)　a.　I saw [him crossing the street].　　　（分詞補文）
　　　b.　I don't like [his coming here so often].　（動名詞補文）
　　　c.　I preferred [(for) Mary to drive home].　（不定詞補文）

分詞補文と動名詞補文は，動詞の語幹に付加している ing を標識としているのに対して，不定詞補文は to を標識としている．
　この章では，不定詞補文を中心に扱うが，その前に，不定詞補文の特性を定形補文と比較しながら考察する（分詞補文と動名詞補文は第4章で取り上げる）．

3.1.1　不定詞補文の特性

　不定詞補文にも，定形補文と同様に，疑問文と平叙文を区別する補文標識がある．疑問文の補文標識が whether で ((2a))，平叙文のそれが for である ((2b))．whether は [+WH] の具現形として，for は [−WH] の具現形として，C の位置を占める（補文標識 if が不定詞補文に現れない

点については 2. 4. 5 を参照)．また，[+WH] と [−WH] の選択は二者択一であるので，whether と for は共起できない ((3))．

(2) a. I asked John [$_{CP}$ whether [to leave the room]].
  b. I {asked / hated / preferred} [$_{CP}$ for [Mary to leave the room]].
(3) *I asked whether for Mary to leave the room.

[+WH] の不定詞補文をとる動詞は，[+WH] の定形補文をとる動詞と同様に (⇒ 2. 4. 2)，ask, wonder, decide などに限られる ((4))．ただし，[+WH] の定形補文をとる動詞のすべてが，[+WH] の不定詞補文をとるわけではない．たとえば，care は (5) のように [+WH] の定形補文をとることはできるが，[+WH] の不定詞補文はとることができない．

(4) a. We {asked / decided / wondered} whether to resign from the position.
  b. *We {claimed / hoped / tried / attempted} whether to resign from the position.
(5) a. Do you care whether you go?
  b. Does anyone care what they do?
  c. *Do you care whether to go?
  d. *Does anyone care what to do? (Maxwell 1984, 306)

for は，that と同様に IP 削除を認可しないことから ((6))，[−WH] の素性指定を受ける非一致型の補文標識である (⇒ 2. 5. 1)．しかし for の選択は，that のそれより厳しく制限されている．たとえば，思考・認識を表す動詞は that 節補文をとるが，for 付きの不定詞補文をとることはできない ((7))．

(6) a. Mary hated to read *War and Peace*, but her mother {preferred / desired} for Mary to read *War and Peace*.
  b. *Mary hated to read *War and Peace*, but her mother {preferred / desired} for [$_{IP}$ *e*].

第 3 章　不定詞補文　67

(7) a. I {believe / prove / assume / consider} that Mary is innocent.
　　 b. I {believe / prove / assume / consider} (*for) Mary to be innocent.

Bresnan (1972, 80–82) によると，for は that と内在的意味が異なる．補文標識 for は前置詞 for と共通する意味——主観的理由・原因，目的，用途，目標 (subjective reason or cause and purpose, use, or goal)——を担う．これは，前置詞 for と補文標識 for の平行した振る舞いから確認できる ((8))．

(8) a．You're a bastard for doing that. （主観的理由・原因）
　　 a′．It's a sin for you to do that.
　　 b．This book is for your amusement. （目的）
　　 b′．This book is for you to amuse yourself while I'm away.
　　 c．A guy like John would be good for long talks. （用途）
　　 c′．A guy like John would be good for you to talk to about your problems.
　　 d．She hopes for her sisters' liberation. （目標）
　　 d′．She hopes for her sisters to be liberated.

したがって，for の意味と主節動詞の語彙的意味に矛盾が生じない場合に for 付き不定詞補文が許される．たとえば，hope のような人間の願望といった感情を表す感情述語 (emotive predicate) は，for 付きの不定詞補文をとるが，これは抽象的な目標に向かって願望するという hope の語彙的意味が，for の内在的意味（目標）と合致するためである．
　なお，[–WH] の指定を受ける定形補文には，平叙文以外に感嘆文が存在するが，感嘆文が不定詞補文として現れることはない ((9), (10))．

(9) a. It's amazing what big teeth you have!
　　 b. *It's amazing what big teeth to have!
(10) a. I'm surprised how tired I am!
　　　b. *I'm surprised how tired to be!　(Maxwell 1984, 311)

定形節の I の位置は，Agr（Agreement: 一致）や Tense の素性の具現形である屈折接辞の -ed や -s が占めるが（⇒ 1.2.2），不定詞補文の I は不定詞標識（infinitival marker）の to が占める．to は，I preferred *he / him to leave at once. のように主語と一致することがないので，Agr の素性を欠く．それでは to は Tense の素性を持っているのであろうか．時制には，「絶対時制」（absolute tense）と「相対時制」（relative tense）の区別がある（Comrie 1985）．絶対時制は，発話時を基準に決定されるもので，独立文や主節に現れる．発話時と同時に生じた事態が「現在」で示され（John resigns），発話時以前に生じた事態が「過去」で示される（John resigned）．一方，相対時制は，発話時ではなく主節の事態との関係で決まる．たとえば，(11) のような want, hope, wish の不定詞補文が表す事態は，常に主節の事態よりも後に生じるという「可能未来」（possible future）を表す（Stowell 1982）．したがってこの補文は，未来を表す副詞 tomorrow によって修飾されるが，過去を明示的に表す副詞 yesterday によって修飾されることはない．

(11) John {wanted / hoped / wished} [to resign {*yesterday / tomorrow}].

want, hope, wish のような動詞は願望行為を表し，その補文は願望内容を表している．願望行為は，願望内容が未来のある時点で実現されることを求めるものであるから，願望内容が願望行為よりも前に実現することはない．したがって，(11) の不定詞補文が「可能未来」を表すのは，want, hope, wish の語彙的意味を反映したものであると言える（Noonan 1985, 92; 中右 1994, 226–227）．

また，起動・終止・継続といった，出来事の相を表す動詞（例: begin, continue, cease, etc.）——相動詞（aspectual verbs）——は，主節が表す事態と不定詞補文が表す事態が，同時に起こることを要求する（Newmeyer 1975, 26）．つまり，補文の時制は完全に主節の時制と一致しなければならず，この種の補文は (12) に示すように，主節から独立した時制を担うことはできない．

(12) a. *John {began / continued / ceased} [to drive to Chicago tomorrow].

　不定詞補文の Tense は，主節時制に依存した「相対時制」であるが，その Tense の値(「可能未来」か「同時性」)は，主節動詞の語彙的意味に依存すると言えるであろう．

3.1.2　不定詞補文の種類とその分布

　不定詞補文は，to の有無の観点から，to 不定詞補文と to を欠く裸不定詞補文 (bare infinitival complement) の 2 つに大別される ((13))．さらに，to 不定詞補文は，補文主語が現れない「to VP」型，to 不定詞の直前に名詞句が現れる「NP to VP」型，補文標識 for によって補文主語が明示される「for NP to VP」型の，3 つに細分化される．

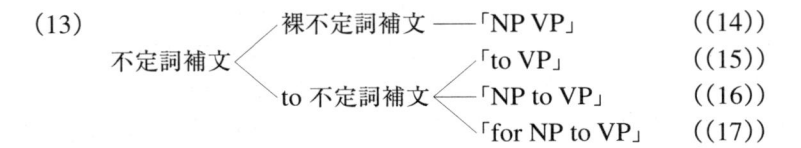

(13)　不定詞補文　
　　　　　裸不定詞補文 ——「NP VP」　　　　　((14))
　　　　　　　　　　　　　「to VP」　　　　　　((15))
　　　　　to 不定詞補文 ←「NP to VP」　　　　 ((16))
　　　　　　　　　　　　　「for NP to VP」　　 ((17))

以下がそれぞれの具体例である．

(14) a. I made Mary talk to Bill.
　　 b. I saw John cross the street.
(15) a. John seems to be vindictive.
　　 b. I tried to cross the street.
(16) a. I believe Max to be invincible in argument.
　　 b. I don't want Mary to resign from the position.
(17) a. I hoped for Mary to marry Bill.
　　 b. I preferred for Mary to leave a message.

　不定詞補文を従える語彙主要部は，動詞のほかに形容詞や名詞もあるが，それぞれの語彙主要部が従える補文のタイプは，異なる．動詞は，既述のように「NP VP」，「to VP」，「NP to VP」，「for NP to VP」の 4 タ

イプの補文を従えられるが，形容詞と名詞は「for NP to VP」と「to VP」の2タイプの補文しか従えることができない．

   (18)   a.   John is willing to do the job at once.
          b.   John is willing for Mary to do the job at once.
          c.   *John is willing Mary to do the job at once.
          d.   *John is willing Mary do the job at once.
   (19)   a.   John's desire for Mary to do the job
          b.   John's desire to do the job
          c.   *John's desire Mary to do the job
          d.   *John's desire Mary do the job

通常，格付与子となるのは，[–N] の範疇素性を持つ範疇（動詞，前置詞）である．[–N] 素性を持たない名詞と形容詞は，the desire *(for) the job や proud *(of) the job のように格付与能力を欠く（⇒ 2.2.2）．(18c, d) と (19c, d) の非文法性は，willing や desire に隣接する名詞句（Mary）に格が付与されず，格フィルターに違反することによる．したがって，個々の名詞と形容詞に関して，それらが「NP to VP」と「NP VP」を従えられないことを，語彙特性として規定する必要はない．

　以下では項構造と θ 役の観点から，動詞，形容詞，名詞によって導かれる不定詞補文が，いくつかのタイプに下位分類されることをみていく．

3.2　「to VP」型補文

3.2.1　主語繰上げ動詞 vs. 主語コントロール動詞

　まず (20) と (21) を比較してみよう．双方の文はいずれも「NP V to VP」という連鎖をしており，表面的には (20) と (21) の間には相違がないようにみえる．

   (20)   a.   John seems to be invincible in argument.
          b.   It threatens to rain tomorrow.
          c.   Woolen tends to shrink.
          d.   The culprit appears to be innocent.

(21) a. John decided to resign from his position.
　　 b. John hoped to reduce the excessive cost of his company.
　　 c. John expected to arrive at Tokyo Station this evening.
　　 d. John wished to operate a small bicycle shop.

学校文法の5文型（SV, SVC, SVO, SVOO, SVOC）の観点からは，(20)はSVC型，(21)はSVO型に区分される．(20)のseemなどの動詞は，to不定詞を伴わないと主語をとれない不完全自動詞（incomplete intransitive verb）であり（例: *That fact {seems / appears / tends}.），to不定詞は，主節主語への叙述を補うために付け加えられた主格補語（subjective complement）として機能している．一方，(21)のdecideなどの動詞は，目的語をとる他動詞であり（例: John {decided / hoped for / expected} it.），to不定詞はその動詞の目的語として機能している．

　5文型による分析は，動詞の種類に注目している点で優れているが，生成文法の知見からするとさまざまな不備があることがわかる．とくに問題なのが，上記の分析では，SVOのSもSVCのSもVの主語であるから，Sが動詞の種類にかかわりなく同じ性質を示すと予測することである．これからみるように，(20)と(21)の主語の間には明確な相違があり，それらを適切に記述できる理論的な「道具立て」が必要である．

　(22)と(23)の対比をみてみよう．seemなどの主語位置には「存在」のthereが生起できるが（(22b, c)はPostal (1974, 293)による），decideなどの主語位置には生起できない．

(22) a. There seems to be an accident in the park.
　　 b. There threatens to be famine in Bulgaria.
　　 c. There tends to be corruption in government.
　　 d. There appeared to be no evidence of his guilt.
(23) a. *There decided to be a burden on those who no longer work.
　　 b. *There expected to be corruption in Japanese government.
　　 c. * There hoped to be good evaluations among students.
　　 d. *There wished to be no evidence of his guilt.

通常，項は実質的な意味を持つ要素であるので，述語から意味的な選択制限（selectional restriction）を受ける．たとえば，形容詞 intelligent の外項は「+ 有生」（animate）でなければならない（例：{*The table / John} is intelligent.）．一方，「存在」の there は，虚辞（expletive）の別称から明らかなように，意味的に空虚な要素であり，述語から選択制限を受ける必要はない．すると，(22) と (23) の相違は，seem などの主語位置は，主節動詞から選択制限を受けないのに対して，decide などの主語位置が，選択制限が課せられることを示している．つまり，seem などの主語位置を占める要素は主節動詞の項ではなく，decide などの主語位置を占める要素は主節動詞の項であることが言える．この相違は，seem と decide の主語位置にある要素が，等しく V の S であると考える 5 文型の分析では捉えられない．

　seem などの主語が主節動詞の項でないとすると，どの述語の項であろうか．seem などの主語は (24) のように，補文述語から選択制限を受けることから，補文述語の項であると考えられる．

　　(24)　{*The table / John} {seems / appears} to be intelligent.

一般に選択制限は，単一の節内で成立する．そのため，(24) のように John と intelligent が主節動詞を挟んだままでは，この選択制限に関する一般性に反することになる．そこで，seem などの主語は (25) のように，D 構造で to 不定詞と単一の節をなし，主節主語の位置へ繰上げられると仮定しよう．この移動を「主語から主語への繰上げ」（Subject-to-Subject Raising: SSR）という．

　　(25)　[IP ___ [VP seems [John to be intelligent]]]
　　　　　　　↑_____SSR_____|

すると，John と intelligent は D 構造で単一の節の中に存在することになり，上記の選択制限に関する一般条件に違反することにはならない．

　seem などの主語が to 不定詞と節を形成することは，虚辞の there の特性からも確証が得られる．虚辞の there は項でないという性質に加えて，

存在・出現の意味を表す非対格動詞の主語としてだけ機能する，という特性も備えている．

(26) a. There occurs a riot in the park.
　　 b. There {exists / is} a truth in every word.
　　 c. *There resigned a manager from the position.
　　 d. *There chattered many students in the room.

ところが seem などは存在・出現の意味を表していないので，もし there がもともと主節主語位置にあるならば，(22) の文は (26c, d) と同じように非文であるはずだが，実際はそうではない．そこで，seem などの主節主語は D 構造の段階で to 不定詞と 1 つの節をなすならば，there が存在・出現の動詞の主語となり，there の共起制限を捉えることができる．

(27) 　[$_{IP}$ e [$_{VP}$ seems [there to be an accident in the street]]]

以上までの考察から，seem などの主節主語は to 不定詞と主述関係をなし，節を形成していると考えなくてはならない．項構造の観点から言えば，seem などは (27) の下線部だけを内項に選択する，1 項述語であると言える．

　seem などが外項を欠く 1 項述語であることは，それらが補文として定形節をとった場合からも明らかである．seem などの内項が定形節として具現した場合には，仮主語 it が主語位置を占める．

(28) 　It {appeared / seemed / turned out} that John was innocent.

仮主語 it は，there と同様に実質的意味を欠くため，項ではない．したがって，(28) のように仮主語 it が主語位置を占めることは，seem などが内項のみを要求する 1 項述語，すなわち非対格動詞であることを示している．

　生成文法では，seem のような非対格動詞が SSR の適用を受ける動詞であることを明示するため，(主語)繰上げ動詞 ((subject-)raising verb) と呼ぶことがある．繰上げ動詞に共通した意味特性を抽出するのは難しい

が (Postal 1974, 291–292), それらの多くは, 補文が表す内容の真実性に対して, 話者が自分の知識や確信の程度を表すという, 認識的な (epistemic) 意味を持つものである ((29)).

(29) appear, tend, chance, promise (〜しそうである), seem, threaten, prove, come, happen, turn out, remain, etc.

なお, 繰上げ動詞のうちの seem と appear だけは, 補文以外に「to NP」で表される項を随意的に選択できる (例: John {appears / seems} (to me) to be wealthy.). ただし, この PP は随意的であることから, 受動文の by 句のような項付加詞 (argument adjunct) の一種であると考えるほうが適切であるかもしれない (Grimshaw 1990).

それでは, なぜ繰上げ動詞は SSR を引き起こすのであろうか. 既述のように, seem などは外項を欠く非対格動詞である. 通常, 外項を欠く動詞は対格を付与できない. これを「ブルツィオの一般化」(Burzio's generalization) という (Burzio 1986, 178–179). この一般化により, 主語繰上げ動詞は対格を付与できない ((30)).

(30) *John {seems / appears / happens / tends / chanced} something.

seem などは対格付与能力がないため, 補文主語が補文主語の位置に留まっていると格が付与されず, 格フィルターに違反してしまう (⇒ 2.2.2). 補文主語は格フィルターを満たすため主節主語位置に移動し, 主節の屈折要素から主格が付与される. 要するに, seem などの主語繰上げ動詞が SSR を誘引するのは, それが対格付与能力を欠く非対格動詞であるという特性に求められる.

次に, decide などの補文に話を移そう. decide などの主節主語は, (23) でみたように選択制限を受ける. また, decide などが定形補文をとる場合, 主節主語の位置に仮主語 it が現れることができない.

(31) a. *It decided that John should resign from his position.
    (*cf.* John decided that he should resign from his position.)

b. *It expects that John will arrive at Tokyo tonight.
  (*cf.* John expects that he will arrive at Tokyo tonight.)
c. *It hoped that Bill should operate a big bicycle shop.
  (*cf.* Bill hoped that he should operate a big bicycle shop.)
d. *It wished that John were a doctor.
  (*cf.* John wished that he were a doctor.)

　(23)と(31)の事実から，decide などは主語を外項に，補文を内項に要求する，2項述語であると言える．1.3.2でみたように，外項はD構造の段階でIPの指定部，内項はVの補部を占める．したがって，(32a)の文は概略，(32b)のD構造を持つ．

(32) a. John decided to resign from his position.
   b. [IP John [VP decided [to resign from his position]]]

(32a)では，補文主語位置に明示的な主語が存在しないものの，論理上，補文述語が表す行為や状態の主体があることから，その補文には音声的に実現しない主語が存在すると考えられる．この主語は，伝統文法でいう「意味上の主語」に相当し，生成文法ではこれを PRO と表記する((33))．

(33) [IP John [VP decided [PRO to resign from his position]]]

PRO は補文述語の項であり，主節主語 John と同一指示的(coreferential)である．このような，PRO が先行詞と同一指示である依存関係を，コントロール(control)といい，その先行詞をコントローラーという．そして，PRO のコントローラーが主語であることを要求する動詞を，主語コントロール動詞という．主語コントロール動詞は，主語繰上げ動詞よりもその数が圧倒的に多い((34))．これらの動詞のほとんどは，補文内容の実現に関して，主語の意志(volition)や意図(intention)を表しているものである(主語コントロール動詞の詳細な分類は Rundako (1989) を参照)．

(34) agree, attempt, begin, bother, cease, choose, condescend, continue, decide, demand, decline, design, endeavor, fail, forget,

hesitate, intend, learn, long, manage, need, neglect, offer, plan, prepare, promise, propose, refuse, remember, resolve, seek, serve, start, swear, try, undertake, venture, etc.

PROの存在は，叙述名詞（predicate nominal）に関する事実から確認できる．一般に，be動詞の補部位置に現れる叙述名詞は，その節内の主語と数が一致していなければならない．たとえば(35a)では，叙述名詞good studentsは主節主語theyと数が一致しているが，両者は同じ節内にないので非文法性が生じている．一方(35b)では，叙述名詞 a good studentが数の点で一致する主語Johnと同じ節内にあるので，適格である．ところが，decideなどの補文内部に現れる叙述名詞は，主節主語と節をまたがって数が一致しなければならない((36))．

(35) a. *They consider [John to be *good students*].
 b. They consider [John to be *a good student*].
(36) *They* {decided / hoped} [to be {*good students* / **a good student*}].

もし(36)のgood studentsがtheyと数において一致していると考えるならば，上記の叙述名詞の一致に関する一般性に反することになる．しかし，(33)のように，主節主語と同一指示であるPROが補文にあると仮定するならば，PROがgood studentsと数が一致する主語であると考えることができ，上記の叙述名詞に関する条件の一般性に反することにはならない．

以上をまとめると，主語繰上げ動詞の主節主語は，D構造で補文主語位置を占めるのに対して，主語コントロール動詞の主語は，D構造で主節主語位置を占め，補文主語位置にはPROが存在する．この区別は，前者が補文だけを内項に要求する1項述語（非対格動詞）であるのに対して，後者が主語と補文の両方を項に要求する2項述語であるという，項構造の差を反映している．

3.2.2 繰上げとコントロールの区別の有効性

　主語繰上げ補文と主語コントロール補文が，それぞれ (27), (33) のような D 構造を持つことは，以下に示す両者の違いからも支持される．まず，慣用句 (idiom) に関する解釈の相違についてみよう．

　英語には，節全体が慣用句として用いられる (37) のような節慣用句 (clausal idiom) がある．

(37) 　a. 　The cat is out of the bag. (秘密が漏れる)
　　　 b. 　The fur will fly. (大騒ぎが生じる)

節慣用句の主語は，他の部分から切り離して慣用句独自の意味を担うことはできない．このことは，(38a) のように，the cat is out of the bag という連鎖が hope という主語コントロール動詞によって分断されると，the cat は「秘密」という慣用句的解釈を持たず，「猫」という文字どおりの解釈になることから確認できる ((38a) の * は，慣用句の解釈では容認できないことを表す)．しかし，(38b) のように，the cat と out of the bag が seem のような繰上げ述語によって分断された場合は，the cat は「秘密」という慣用句的解釈を持つことができる．なぜであろうか．

(38) 　a. *The cat hoped to be out of the bag.
　　　 b. 　The cat seems to be out of the bag.

繰上げ動詞の場合，the cat が D 構造で補文主語位置を占めて，the cat と out of the bag がまとまりをなすため，慣用句的解釈が生じる．それに対して，コントロール動詞の場合は，the cat が D 構造で主節主語位置を占めているため，out of the bag と 1 つのまとまりをなさない．したがって，(38a) の the cat を慣用句の一部として解釈することはできない．

　また (27) と (33) の D 構造の区別は，能動文と受動文の間の(非)同義性を説明するのにも有効である (Rosenbaum 1967; Postal 1974)．通常，繰上げ動詞補文の目的語が受動化されても，能動文との同義性 (synonymy) は保持されるが ((39))，主語コントロール補文の場合はそうではない ((40))．

(39) a. John seems to have examined Barbara.
　　　b. =Barbara seems to have been examined by John.
(40) a. John decided to examine Barbara.
　　　b. ≠Barbara decided to be examined by John.

(39a) と (39b) は同一の D 構造 (41) から派生されるので，両者は同義である．一方 (40a) と (40b) は，別々の D 構造，つまり前者は (42a) から，後者は (42b) から派生されるので，解釈が異なる．

(41)　[＿ seems [John to have examined Barbara]]
(42) a. [John decided [PRO to examine Barbara]] (PRO = John)
　　　b. [Barbara decided [John to examine PRO]] (PRO = Barbara)

3.2.3　補文の範疇と CSR

　これまでの考察から，主語繰上げ補文や主語コントロール補文が，主語と述語からなる内部構造を持つことは明らかであるが，それらが具体的にどのような範疇であるかについては，明確にしてこなかった．2.3.4 でみたように，項がどのような範疇として具現するかは，項が担う θ 役から予測されることが多い．主語繰上げ補文と主語コントロール補文の範疇を明確にするためには，両者の項構造の内項がどのような θ 役を担うのかを考えねばならない．

　従来，主語コントロール補文は，〈命題〉の意味内容を表していると考えられていたが，最近の研究では，〈命題〉とは異なる概念を担うことが提案されている (Pesetsky 1991)．〈命題〉とは，およそ，発話時における話者の心的態度を除いた，文の中核な意味内容をいい，話者はその内容の真偽を決定することができる ((43))．しかし主語コントロール補文については，話者は (44a–e) に示すように，その内容の真偽を決定することができない (Pesetsky 1991, 144)．

(43)　I thought [that Thomas resigned from the position, which was true / false].

(44) a. *Mary wanted [to read a book, which was true].
b. *Mary hates [to smoke in class, which is false].
c. *Bill needed [to leave the room, which would be false].
d. *Mary agreed [to read a book, which was true].
e. *Mary attempted [to smoke in class, which would be false].

Pesetsky (1991) はこの観察に基づいて，主語コントロール補文は〈命題〉ではなく，〈非現実〉(Irrealis) を担うと提案している．〈非現実〉とは，法 (mood) の一種であり，ある出来事や行為が未だ実現されていない状況をいう．未だ実現されていない行為を，話者が真であるとか偽であるとか判断できないのは，当然のことである．たとえば，(44a) の補文は，本を読むことに関するメアリーの意志を表しているが，その意志が現実の世界で実現されたかどうかは不明であるため，話者はその内容の真偽を判定できないのである．

また，主語コントロール補文が〈非現実〉を担うことは，それらが (45) のように，仮定法節 (subjunctive clause) で言い換えられることからもうかがえる (⇒ 5.1)．

(45) a．John {agreed / decided / proposed} to resign from his position.
a′．=John {agreed / decided / proposed} that he should resign from his position.
b．John {expected / hoped / preferred} to do the job.
b′．=John {expected / hoped / preferred} that he should do the job.

仮に，〈非現実〉の CSR は CP であると想定しよう．すると，主語コントロール補文の範疇は，〈非現実〉の CSR から CP として具現する．

(46) John decided [$_{CP}$ PRO to write a novel].

主語コントロール補文は，CP 構造を持つ that 節補文や for 付きの不定詞補文と等位接続することができる ((47a) は Koster and May (1982,

133) による).

(47) a. John expects [to write a novel] but [that it would be a critical disaster].
b. John hoped [to see Mary] and [that it would be happy].
c. John arranged [to see Mary] and [for Bill to see Nancy].
d. John asked [to be here] and [for Bill to be there].

通常,等位接続される要素は,互いに同じ統語範疇でなければならない(例: *I tried [something easy] and [to climb a mountain].). したがって,(47) の文法性は,主語コントロール補文が that 節や for 付きの不定詞補文と同様に,CP であることを示している.

また,主語コントロール動詞の一部は wh 補文をとることができることからも,その範疇は CP であると考えられる((48a–c) は Quirk et al. (1985, 1187) による).

(48) a. He learned how to sail a boat as a small boy.
b. You must not forget when to keep your mouth shut.
c. I couldn't decide which bicycle to buy.
d. John asked whether to leave the room at once.

CP 構造を占める wh 句が主語コントロール補文に生起しうることは,その内部構造に CP があることを示している.もし主語コントロール補文を CP の欠如する IP であると考えるならば,wh 補文をとる (48) の動詞の語彙記載項目に,CP を範疇選択するという情報を付け加えなければならない.

繰上げ動詞の補文の範疇に話を移そう.繰上げ動詞の補文は真偽決定可能であること ((49)),また,補文が仮定法節で言い換えられないことから ((50)),〈非現実〉でなく〈命題〉を表していると考えられる.

(49) a. John$_i$ seems [t_i to be invincible in argument, which is true].
b. John$_i$ appears [t_i to be aggressive, which is false].

c. The culprit_i turned out [t_i to be innocent, which was true].
(50) a. *It seems that John should be invincible in argument.
b. *It appears that Thomas should be aggressive.
c. *It turned out that the culprit should be innocent.

〈命題〉のCSRはNPとCPであるから（⇒2.3.4），seemなどの不定詞補文はthat節補文と同様に，CPとして具現されるはずである（(51)）．

(51) [John_i seems [$_{CP}$ t_i to be intelligent]].

ところが，SSRのような名詞句移動（NP-movement）が残す名詞句痕跡は，再帰代名詞のような照応形（anaphor）と同様に，束縛原理Aに従わなくてはならない（Chomsky 1981）．この原理は，おおむね，名詞句痕跡や再帰代名詞といった照応形が，それをc統御する先行詞と同じ局所的な領域（CPもしくはNP）にあることを要求する（「局所的な領域」をCPではなくIPと想定することもあるが，ここでは説明の便宜上CPと仮定しておく（*cf.* Nakajima 1984））．たとえば(52)の各文は，再帰代名詞を含むCPの内部に，再帰代名詞をc統御する先行詞が存在しないので，束縛原理Aに違反している．

(52) a. *Thomas_i believes [$_{CP}$ that himself_i is a good candidate].
b. *John_i arranged [$_{CP}$ for himself_i to win].
c. *Mary_i wanted very much [$_{CP}$ for herself_i to resign].

このように，CPは先行詞と照応形の束縛関係の障害となる．したがって，もし繰上げ動詞の不定詞補文を(51)のようにCPであると考えるならば，(51)の構造は(52)の文と同様に，束縛原理Aに違反することになってしまう．

　上記の原理的な理由からして，繰上げ動詞の不定詞補文をCPと想定することはできない．そこで繰上げ動詞については，(53)のように，IPも範疇選択することを語彙記載項目に規定する必要がある（Chomsky 1986a）．

(53)　seem: [+__IP]

主語繰上げ動詞の内項は，無標 (unmarked) の場合，〈命題〉の CSR によって CP として具現する ((54a))．一方，主語繰上げ動詞の内項の範疇は，〈命題〉の CSR から導けない場合には，(53) の範疇選択の情報により IP となる ((54b))．

(54)　a.　It seems [$_{CP}$ that John is intelligent].
　　　b.　[$_{IP}$ __ seems [$_{IP}$ John to be intelligent]]

(53) の範疇選択の情報は，〈命題〉の CSR によって導くことのできない有標な情報である．この有標性は，主語繰上げ動詞が上記 (29) のように，比較的少数の動詞に限られていることを反映している．

3.2.4　Claim 類の「to VP」型補文

これまでの考察から，「to VP」型補文には，補文主語が名詞句痕跡であるタイプ ((55a)) と PRO であるタイプ ((55b)) があることが明らかになった．

(55)　a.　[John$_i$ seems [$_{IP}$ t_i to be aggressive]]
　　　b.　[John tried [$_{CP}$ PRO to be aggressive]]

この区分は，前者では θ 役が〈命題〉であるのに対して，後者では θ 役が〈非現実〉であるという違いに対応している．しかしこの対応関係は，一対一ではない．補文の θ 役が〈命題〉であるにもかかわらず，補文主語位置に PRO が生じる動詞 (claim, pretend) が，例外的に存在する ((56))．

(56)　a.　The police claimed to have arrested the culprit.
　　　b.　John pretended to be a fool.

これらの動詞は，(57) のように主節主語位置に選択制限を課すので，主語コントロール動詞であると言えるが，(58) が示すようにその補文は真

偽決定可能であるため，〈命題〉を表していると考えられる（Pesetsky 1991, 145）．

(57) *There {claims / pretends} to be corruption in Japanese government.
(58) a. Bill claimed [PRO to be the king of France, which was true].
b. John pretended [PRO to be a fool, which was false].

主語コントロール動詞には，try のような内項が〈非現実〉であるものと，claim のような内項が〈命題〉であるものの，2 タイプがあることになる．前者を try 類，後者を claim 類と呼ぼう．

try 類の不定詞補文は CP と仮定したが，claim 類は補文主語位置に受動化で生じた名詞句痕跡が現れることから(例: John$_i$ was claimed [t_i to have been a good scholar].)，seem 類と同様に，CP でなく〈命題〉の例外的具現形 IP であると規定する必要がある（⇒ 3.2.3）．claim 類の存在を考慮すると，「to VP」型補文を従える動詞は 2 タイプではなく，3 タイプに分かれることになる．それらは，補文がどのような θ 役を担うかという基準と，どのような要素が補文主語位置となるかという基準によって，(59) のように交差分類される．

(59)

補文主語 補文の θ 役	PRO	名詞句痕跡
〈非現実〉	try 類	*
〈命　題〉	claim 類	seem 類

しかし，論理的な可能性としては，補文主語が名詞句痕跡である〈非現実〉の補文をとる動詞類が存在してもよいはずであるが，そのような動詞類は英語には存在しないようである．たとえば，TRY という架空の動詞が seem と同じように非対格動詞であり，かつ内項の θ 役が〈非現実〉であると仮定してみよう．〈非現実〉の CSR は CP であるので，補文は (60)

のように CP として具現する．

(60) *[John$_i$ TRY [$_{CP}$ t_i to be aggressive]]

ところが，CP は名詞句移動に対する障害となるので (⇒ 3.3.3)，(60) の John$_i$ が補文主語位置から移動したと考えることはできない．したがって，たとえ TRY が非対格動詞であっても，それが〈非現実〉を意味選択する以上，〈非現実〉を担う補文の主語位置に名詞句痕跡が生起することは許されない．

3.2.5　Begin 類の「to VP」型補文

3.2.1 で，seem のような繰上げ動詞が SSR を許すのは，対格付与能力を欠く非対格動詞であることによると述べたが，出来事の起動，継続，終止という相を表す (61) の相動詞は (⇒ 3.1.1)，対格付与能力があるものの ((62))，存在の there が主語位置を占める，すなわち，SSR を許す ((63))．以後，これらの動詞を begin 類と呼ぶ．

(61)　start, begin, continue, cease, keep, persist, quit, stop
(62)　a.　John {started / began / quitted} his work.
　　　b.　John {continued / stopped} the research.
(63)　a.　There is starting to be a problem in keeping them in line.
　　　b.　There has continued to be a problem in this area.
　　　c.　There began to occur a new attitude among the young.

ところが begin 類は，(64) と (65) のように，補文動詞を受動化した場合に能動文との同義関係が失われ，主語コントロール動詞のようにも振る舞う (Bresnan 1972, 129)．

(64)　a.　The counselors are starting to neglect poor students.
　　　b.　≠Poor students are starting to be neglected by the counselors.
(65)　a.　The counselors have continued to neglect poor students.
　　　b.　≠Poor students have continued to be neglected by the counselors.

つまり，begin 類は，補文主語が PRO である場合（(66a)）と名詞句痕跡である場合（(66b)）の，2 タイプの補文構造を許す（Perlmutter 1970）．

(66) a. [John began [PRO to leave]]
　　 b. [John$_i$ began [t_i to bleed]]

それではなぜ begin 類には，このような多義性がみられるのだろうか．

begin 類の多くは，break, open などの動詞と同様に，同形態で他動詞と交替する自動詞である（(67), (68)）．

(67) a. John {opened / broke} the door.
　　 b. The door {opened / broke}.
(68) a. John {began / continued / stopped} the conversation.
　　 b. The conversation {began / continued / stopped}.

自動詞と他動詞のこの種の交替を，使役交替（causative alternation）という（Levin and Rappaport Hovav 1995; 影山 1996）．使役交替の説明に共通しているのは，他動詞用法の項構造から外項を抑制（suppress）することによって非対格動詞の項構造が派生される，と考えることである．その派生過程は次のようになる（(69) の ϕ は外項の抑制を表す）．

(69)　break: 〈Agent, Theme〉　　（例: John broke the vase.）
　　　　　　　↓　外項の抑制
　　　　〈Agent-ϕ, Theme〉　　（例: The vase broke.）

外項が抑制された結果，内項だけが明示的に存在する非対格動詞の項構造が存在する．そこで (70) のように，外項の抑制が begin 類の項構造にも適用されると考えよう（(70) では begin 類の内項の θ 役を 〈Event〉 であると仮定しているが，この点は後で説明する）．

(70)　begin: 〈Agent, Event〉　　（例: John began to leave.）
　　　　　　　↓　外項の抑制
　　　　〈Agent-ϕ, Event〉　　（例: John began to bleed.）

外項が抑制されていないものが，コントロール動詞の項構造に相当し，外

項が抑制されたものが，繰上げ動詞の項構造に相当する．したがって，begin 類が (63) のように繰上げ動詞として振る舞うのは，break などと同様に，外項が抑制されることによると考えられる．

既述のように，begin 類は外項を要求するコントロール動詞でもあり，外項を欠く繰上げ動詞でもある．ところが begin 類は seem 類とは異なり，内項を CP 節として具現できない ((71))．

(71) a. *It {began / ceased / continued / started} that John left.
b. *It {began / ceased / continued / started} for Mary to leave.

すると，begin 類の内項が CP として具現されないことは，begin 類の語彙特性として規定することも可能であるが，それはただ単に事実を述べたにすぎない．

この問題を解くかぎは，begin 類の補文が担う θ 役にあるように思われる．begin 類の補文は，(72) に示すように真偽決定可能ではないので，その θ 役は〈命題〉ではなく，try 類と同様に〈非現実〉であるかもしれない．

(72) a. *John began [to bleed, which is true].
b. *John continued [to snore, which is true].
c. *The company started [to operate a big bicycle shop, which is false].

ところが begin 類の補文が表す意味内容は，行為名詞 (action nominal) によって言い換えられる点で，try 類とも異なる ((73) vs. (74)) (Newmeyer 1975, 31–32)．

(73) a. The guard began to torture the prisoners.
a′. The guard began the torture of the prisoners.
b. The student continued to read the novel.
b′. The student continued the reading of the novel.
c. The choreographer has stopped to sing a song.
c′. The choreographer has stopped the singing of a song.

(74) a. John tried to open the lock.
　　　a′. *John tried the opening of the lock.
　　　b. The pilot refused to destroy the city.
　　　b′. *The pilot refused the destruction of the city.
　　　c. The dean condescended to meet with the protestors.
　　　c′. *The dean condescended the meeting of the protestors.

通常, 行為名詞は (75) のように, be sudden や be slow などの述語の主語になれることから, 〈命題〉を担う that 節とは異なる θ 役を担うと考えられている. これを Vendler (1967) にならって〈出来事〉(Event) と呼ぶことにしよう. 命題内容が急であるとか緩慢であると言うのは不自然であるが, 出来事が急であるとか緩慢であると言うことは自然である.

(75) a. John's loud shouting {was sudden / was slow}.
　　　b. John's reading of the novel was slow.
　　　　(*cf.* *That John shouted loudly {was sudden / was slow}.)

したがって begin 類の不定詞補文は, (73) のように行為名詞で言い換えられることから,〈出来事〉という θ 役を担っていると考えられる. そこで,〈出来事〉の CSR を VP もしくは IP であると仮定しよう (Rosen 1989, 25–26). begin 類の不定詞補文は to を含むので, (76) のように IP として具現しなければならない.

(76) 　[John began [$_{IP}$ to bleed]]

すると, begin 類が (71) のように CP 節を導けないのは, begin 類の語彙特性として規定する必要がなく, begin 類の内項が〈出来事〉の CSR から IP として具現しなくてはならないからである.

3.2.6　繰上げ動詞と文主語

3.2.1 でみたように, seem 類の内項は CP として具現し, 主語位置に仮主語 it が現れることがあるが ((77a)), 内項の CP 節自体が主語位置へ移動することはない ((77b)). 一方, expected などの受動動詞は,

seem 類と同じように外項を欠くものの ((78a)), 内項の that 節自体が主語位置へ移動することを許す ((78b)).

(77) a. It {seemed / turned out / appeared} [$_{CP}$ that John was sick].
b. *[$_{CP}$ That John was sick]$_i$ {seemed / turned out / appeared} t_i.
(78) a. It was {expected / believed} by everyone [$_{CP}$ that John was unqualified].
b. [$_{CP}$ That John was unqualified]$_i$ was {expected / believed} t_i by everyone.

(77b) の移動は (78b) のそれと同様に, いかなる文法の原理にも違反していない. seem 類が内項の CP 節を主語位置へ移動できないことを, 語彙特性として規定することもできるが, これは語彙記載項目の記述を複雑にするだけである.

ここで注目すべきは, 両者が, 主語位置への名詞句の移動が可能であるかどうかの点で異なることである ((79a, b)). また興味深いことに, 外項を欠く受動動詞の中にも, seem 類と同じように, 名詞句と that 節のいずれも主語位置へ移動できないものがある ((80a–c)).

(79) a. [$_{NP}$ That fact] is {expected / predicted} t_i by everyone.
b. *[$_{NP}$ That fact]$_i$ {seems / turned out / appeared / proved / chanced} t_i.
(80) a. It was objected [$_{CP}$ that John was unqualified].
b. *[$_{CP}$ That John was unqualified]$_i$ was objected t_i.
c. *[$_{NP}$ That]$_i$ had been objected t_i. (Webelhuth 1992, 96)

(77) から (80) の事実は, 内項が名詞句として具現する可能性と, 内項の CP 節の主語位置への移動の可能性との間に, 次のような相関関係があることを示している.

(81) 内項を名詞句として具現できない動詞は, 内項の CP 節を主語位置へ移動できない.

ただし (81) には, 一見, 反例と思える事実がある. begin 類は, 内項を

名詞句として具現できるにもかかわらず((68b))，内項のCP節を主語位置へ移動できない．

(82) a. *[$_{CP}$ That John was sick]$_i$ {began / continued / started} t_i.
b. *[For John to be sick]$_i$ {began / continued / started} t_i.

(82)の非文法性は，CP節が主節へ移動できないことに原因があるわけでなく，begin類の内項が担う〈出来事〉のCSRがIPもしくはVPであるため，補文がCPとして具現できないことによる($\Rightarrow$ 3.2.5)．

(81)の一般化が正しいならば，seem類のCP節が主語位置へ移動できないことは，seem類の語彙記載項目に記述する必要がなく，内項を名詞句として具現できないというseem類の特性から，自動的に導かれるのである．

上記の説明には，なぜseem類の内項が名詞句として具現されないのかという根本的な問いが残る．〈命題〉のCSRはNPとCPであるから，seem類の内項は名詞句として具現していいはずである．seem類の内項が名詞句でありえないのは，連結動詞(linking verb)のbe動詞と共通している(例: *That fact is.)．したがって，seem類は連結動詞の一種であると考えられる．連結動詞は，主語に対する叙述の機能を欠き，単に主語と補語を連結する役割を果たすだけである．すると，seem類が内項を名詞句として具現できないのは，連結動詞のように叙述の機能を欠いていることと関係があると考えられる．

3.2.7 ま と め

本節では，「to VP」型補文を，動詞の項構造および補文が担うθ役の観点から分類することを試みた．まず，「to VP」型補文は，その主節動詞の項構造の情報という視点から，コントロール補文と繰上げ補文に大別される．さらにコントロール補文は，それが担うθ役の種類の観点から，try類，claim類，begin類の3つに下位分類され，繰上げ補文は，seem類とbegin類の2つに下位区分される．

(83)

補文のθ役 \ 補文主語	PRO	名詞句痕跡
〈非現実〉	try 類	*
〈命 題〉	claim 類	seem 類
〈出来事〉	begin 類(他動詞)	begin 類(非対格動詞)

　このように整理してみると，補文主語が名詞句痕跡であるかPROであるかは，補文が担うθ役の種類によって制限されていることがわかる．(i) 名詞句痕跡は〈非現実〉の補文には生起できない．(ii) PROはclaim類の例外を除けば〈命題〉の補文に生起できない．これらの一般化の妥当性は，次節でみる「NP to VP」型補文における，PROと名詞句痕跡の分布からも確認できる．

3.3 「NP to VP」型補文

　本節では，前節で扱った「to VP」型補文とは異なる，「to VP」の直前に名詞句が存在する「NP to VP」の連鎖を考察する．この型の補文を従える動詞には，(84)のような思考・認識の意味を表す動詞(例: assume, believe, conceive, consider, expect, figure, feel, know, prove, show, suppose, understand)，(85)のような強制，要求，命令の意味を表す動詞(例: ask, assign, challenge, compel, encourage, force, oblige, order, persuade, prompt, request, tell, urge)，(86)のような好悪や願望といった人間の感情を表す動詞(例: can't bear, desire, hate, like, love, prefer, want, wish (Quirk et al. 1985, 1193))の3タイプがある．それぞれの類を順に，believe類，persuade類，want類と呼ぶ．

(84) a. I believe John to be a fool.
　　　b. I expect John to be aggressive.
　　　c. I feel the chair to be comfortable.
(85) a. I forced Mary to get up early tomorrow.

b. I persuaded Bill to resign from the position.
　　　c. I {compelled / encouraged} John to drive to Chicago.
(86) a. I can't bear John to drive to Chicago tomorrow.
　　　b. I would {like / love} John to leave early.
　　　c. I {wanted / preferred} Mary to do this at once.

また，一定の条件下で「NP to VP」の連鎖を従える類として，発話様態や発話内容を表す動詞がある（affirm, announce, allege, shout, yell, assert, declare, grant, guarantee, say, state, stipulate, wager）．これらをPesetsky (1991) に従って wager 類と呼ぶ（(87a, b) は Postal (1993, 361) による）．

(87) a. He alleged there to be stolen documents in the drawer.
　　　b. He guaranteed it to be untrue that this client was a werewolf.

上記の4タイプの補文は，部分的にいくつかの性質を共有しているが，それぞれの類は独自の統語的特性を示す．以下，それぞれの特性が，主節動詞の語彙的あるいは意味的特性から導き出されることをみていく．まず，believe 類と persuade 類の「NP to VP」の連鎖を比較しながら，両類の統語的相違が主節動詞の項構造の違いから生じることをみる．

3.3.1　Believe 類 vs. Persuade 類

　believe 類と persuade 類が従える「NP to VP」の連鎖は，5文型の観点から，目的語と目的補語（objective complement）の関係を形成していると分析されることがある．to 不定詞は，目的語と主節動詞の不完全な関係を補う目的補語として機能し，目的語を修飾する．

(88)　I {expected / persuaded} [John] [to be aggressive].
　　　　　　　　　　　　　　　　　O　　　　C

5文型の考え方では，SVOC 型の O も SVO 型のそれも V の目的語であるから，believe 類と persuade 類に隣接する名詞句（(88) の John）は，

John hit Mary. のような SVO 型の文の目的語と同じ特徴を示すはずである．たしかに，問題の名詞句は SVO 型の目的語と平行した振る舞いをする．たとえば，believe 類と persuade 類に隣接する名詞句はどちらも，SVO 型の目的語と同じように，受動化によって派生主語になれるばかりでなく ((89a–c))，再帰代名詞として主語を先行詞にとることもできる ((90a–c))．

(89) a. John was hit by Mary.
b. John was believed by Mary to be aggressive.
c. John was persuaded by Mary to resign from his position.
(cf. *John was believed by his girlfriend __ is aggressive.)
(90) a. John$_i$ hit himself$_i$.
b. John$_i$ believed himself$_i$ to be aggressive.
c. John$_i$ persuaded himself$_i$ to resign from his position.
(cf. *John$_i$ believed that himself$_i$ is aggressive.)

ところが，believe 類および persuade 類に隣接する名詞句は，目的語的な特徴ばかりでなく，主語的な特徴も示す．強調の再帰代名詞（emphatic reflexive）に関する事実をみてみよう．強調の再帰代名詞の先行詞は，再帰代名詞から分離している場合，その文法機能は主語でなければならない ((91a) vs. (91b–d))．

(91) a. *The president* is coming *himself*.
b. *We put *the president* in our car *himself*.
c. *We gave *the president* a kiss *himself*.
d. *I looked behind *the president* for guards *himself*.

(Napoli 1989, 319)

興味深いことに，believe 類と persuade 類に隣接する名詞句（例：(92a, b) の Bill）はいずれも，強調の再帰代名詞の先行詞になることができる (Maxwell 1984, 129)．この事実は，問題の名詞句が主語的な性質を備えていることを示している．

第 3 章　不定詞補文　93

(92)　a.　Mary believes *Bill* to have driven to Chicago *himself*.
　　　b.　Mary persuaded *Bill* to drive to Chicago *himself*.

　以上の諸事実から，believe 類と persuade 類に隣接する名詞句は，目的語性ばかりでなく主語性も持っていると考えなければならない．したがって，問題の名詞句を主節動詞の目的語としてのみ扱う SVOC 分析では，それらの主語性を明確に記述することは難しい．
　SVOC 分析のもう 1 つの問題は，believe 類と persuade 類に隣接する名詞句が，互いに異なる振る舞いをすることである．believe 類の対格名詞句が占める位置には，存在の there や節慣用句の主語が生起できるのに対して ((93))，persuade 類の対格名詞句の位置には生起できない ((94))．

(93)　a.　We considered there to be no good reason for that behavior.
　　　b.　We believed there to be no alternative to that analysis.
　　　c.　We expected the fur to fly so quickly.
　　　d.　We believed the cat to be out of the bag.
(94)　a.　*We persuaded there to be a strike at the company.
　　　b.　*We asked there to be no riot in Chicago.
　　　c.　*We persuaded the fur to fly so quickly.
　　　d.　*We convinced the cat to be out of the bag.

この相違は，3.2.1 でみた主語繰上げ動詞と主語コントロール動詞の相違と平行したものであり，believe 類に隣接する名詞句が補文述語の項であるのに対して，persuade 類に隣接する名詞句は主節動詞の項であることを示している．すなわち，believe 類は，「NP to VP」全体を内項にとるのに対して，persuade 類は，「NP」と「to VP」を別個の項としてとる．このように，believe 類と persuade 類の間には明確な相違があるため，両類を等しく扱う 5 文型の分析には限界がある．
　上記の相違は，両類の動詞が定形補文を従える場合にも現れる．believe 類は内項として定形節を具現する場合，that 節以外に目的語をとることができないが ((95a))，persuade 類は，that 節以外にもう 1 つ目的語をとることができる ((95b))．

(95) a. I {expected / believed} (*John) that he would resign.
　　 b. I {persuaded / convinced} *(John) that he should resign.

この対比は，believe 類が主語と補文を項にとる 2 項述語であるのに対して，persuade 類は主語と 2 つの目的語を項にとる，3 項述語であることを如実に示している．

　D 構造は項構造の情報を反映した形で表出されるから，believe 類と persuade 類の D 構造は概略 (96) のようになる．believe 類の「NP to VP」は，D 構造において単一構成素であるのに対して，persuade 類のそれは 2 つの独立した構成素からなる．

(96) a. John believed [Mary to be aggressive].
　　 b. John persuaded [$_{NP}$ Mary] [PRO to leave].

(96b) の補文には，補文述語で表される行為の主体が，論理的には存在する．この主体を，主語コントロール補文の場合と同様に PRO で表す．PRO は，主語コントロール補文の場合と同じように，音声的に実現することはないが，目的語によってコントロールされるので，この種の PRO を含む補文を目的語コントロール補文といい，この補文を従える動詞を目的語コントロール動詞という．このように PRO を仮定すれば，(92b) の事実を説明することができる．(92b) の対格名詞句は目的語であるにもかかわらず，強調の再帰代名詞の先行詞になることができる．これは補文の意味上の主語，すなわち PRO が強調の再帰代名詞の先行詞として機能するからである．

3.3.2　Believe 類と Persuade 類のさらなる相違

　(96a) と (96b) の区別は，believe 類と persuade 類のさまざまな意味的・統語的相違を説明できる．まず，受動化に関する解釈の相違 ((97), (98)) を考えてみよう．believe 類の補文内で受動化が生じた場合，能動文との同義関係が保たれるが，persuade 類の補文内では保持されない (Chomsky1965, 22–23)．

(97)　a.　I expected a specialist to examine John.
　　　　b.　=I expected John to be examined by a specialist.
(98)　a.　I persuaded a specialist to examine John.
　　　　b.　≠I persuaded John to be examined by a specialist.

(97a) と (97b) は同一の D 構造 (99) から派生されるのであるから，両者は同義である．一方，(98a) と (98b) はそれぞれ別個の D 構造から派生される．つまり (98a) は (100a) から，(98b) は (100b) から派生されるため，両者は同義ではない．

(99)　　　I expected [a specialist to examine John].
(100)　a.　I persuaded [a specialist] [PRO to examine John].
　　　　b.　I persuaded [John] [a specialist to examine PRO]. (PRO = John)

また，believe 類と persuade 類の D 構造を区別することによって，文照応 it に関する事実も説明することができる．(101a) と (101b) の対比が示すように，believe 類の「NP to VP」の連鎖は文照応 it の先行詞になるが，persuade 類のそれは文照応 it の先行詞にはなれない (Gee 1977, 468)．

(101)　a.　I believe Mary to have lived and John believes it too. (it = Mary to have lived)
　　　　b.　*I tried to persuade John to make a last attempt and Mary tried to persuade it too. (it = John to make a last attempt)

通常，文照応 it の先行詞は，単一の構成素でなければならない．(101a) の Mary to have lived の部分は，D 構造の段階では 1 つの構成素であるので，it の先行詞になれる．一方，(101b) の John to make a last attempt の部分は，D 構造の段階で John と to make a last attempt が互いに独立した構成素であるので，it の先行詞にはなれない．

最後に，to 不定詞補文の削除に関する相違をみてみよう．believe 類の「to VP」は削除できないのに対して，persuade 類の「to VP」は削除が

可能である.

(102) a. *Mary {expected / believed / imagined / reported / considered} Bill to be obnoxious, but I don't think she {expected / believed / imagined / reported / considered} Sam.
b. Mary {persuaded / convinced / asked / told / ordered} Sam to leave, but I don't think that she has yet {persuaded / convinced / asked / ?told / ?ordered}Bill.

(Jacobson 1990, 441–442)

(102)の相違は, 次のθ規準 (θ-criterion) によって説明される. (103)の前半部分は, 項がかならずただ1つのθ役を受け取ることを, 後半部分は, 1つのθ役がかならず1つの項に付与されることを要求する.

(103) θ規準: 文中の各々の項はただ1つのθ役を担い, かつ各々のθ役はただ1つの項に付与される.

(Chomsky 1981, 36)

believe類に隣接する名詞句は, D構造において補文述語の項であるため, θ基準により補文述語からθ役が付与されなくてはならない. ところが(102a)では, Samにθ役を付与する補文述語が存在しないので, Samがθ役を付与されず, θ基準の前半部分に違反する. それに対してpersuade類に後続する名詞句は, D構造において主節動詞の項であるので, (102b)のBillは補文述語が存在しなくても, 主節動詞からθ役を付与されるのでθ基準に抵触しない.

まとめると, believe類とpersuade類の「NP to VP」という連鎖は, 表面的には同一の構造をしているようにみえるが, 前者がD構造において単一構成素であるのに対して, 後者は「NP」と「to VP」が別個の構成素である. この区分は, believe類とpersuade類の項構造の相違を反映したものである.

3.3.3 Believe 類 / Persuade 類の補文と CSR

前節では，believe 類と persuade 類の項構造の違いをもとに，それぞれに異なる D 構造を仮定したが，補文の範疇については明確にしていなかった．この問題を考えるには，3.2.3 で述べたように，それぞれの動詞類の内項が担う θ 役の種類をはっきりさせる必要がある．

通例，persuade 類の不定詞補文は〈命題〉を担うと考えられていたが (Chomsky 1986a)，それは，主語コントロール補文と同様に真偽決定不可能であること ((104))，また仮定法節で言い換えられることから ((105))，〈非現実〉を担うと考えられる (Pesetsky 1991).

(104) a. *Mary persuaded John [to resign from the position, which was true].
b. *Mary convinced John [to visit his grandmother, which was false].
c. *Mary told John [to enlist in the army, which was true].

(105) a. Mary persuaded John that he should resign from the position.
b. Mary convinced John that he should visit his grandmother.
c. Mary told John that he should enlist in the army.

〈非現実〉の CSR は CP であるから (⇒ 3.2.3)，persuade 類の不定詞補文は CP として具現する ((106))．なお，persuade 類のもう 1 つの内項は〈被動作主〉(Patient) を担うので，〈被動作主〉の CSR から NP として具現する．

(106) I persuaded [NP a specialist] [CP PRO to examine John].

persuade 類の不定詞補文は CP であるので，主語コントロール補文と同じように，CP 構造に生じる wh 句を含むことができる ((107a–c) は Quirk et al. (1985, 1215) による).

(107) a. The instructor taught us how to land safely.
b. They advised him what to wear in the tropics.

c. Please remind me where to meet you after lunch.
　　　d. Harry told Mary when to leave the room.
　　　e. I asked Mary whether to resign from the position.

次に，believe 類の補文に話を移そう．believe 類の不定詞補文は，真偽決定可能であることから (108)，〈命題〉を担うと考えられる (Pesetsky 1991, 144).

(108)　a. Mary believes [Bill to read books, which is true].
　　　b. Mary imagined [Bill to have left the room, which was false].
　　　c. Bill considered [Mary to have gone to school, which is false].
　　　d. John judged [Mary to be a scoundrel, which is true].

すると，believe 類の不定詞補文は〈命題〉の CSR からして，定形補文と同様に CP として実現するはずであるが，そうだとすると，補文主語が受動化によって主節の派生主語になることができる事実 ((109)) が問題となる (⇒ 3.3.1).

(109)　John$_i$ was believed [$_{CP}$ t_i to be intelligent].

3.2.3 でみたように，CP は名詞句痕跡と先行詞との束縛関係を阻むので，(109) のように believe 類の不定詞補文を CP と仮定することはできない．さらに believe 類の不定詞補文が CP であるとすると，補文標識 whether が現れることを予測するが，これは事実に反する ((110)).

(110)　a. *I don't believe whether John to be a good scholar.
　　　　　(cf. I don't believe whether John is a good scholar.)
　　　b. *I don't know whether John to be a fool.
　　　　　(cf. I don't know whether John is a fool.)

以上の理由から，believe 類の不定詞補文の範疇は seem 類のそれと同様に，例外的に IP であると考えなくてはならない．

(111) I believed [$_{IP}$ John to be a fool].

したがって，believe 類の語彙記載項目に IP を範疇選択することを指定する必要があり，その特性は CSR から導き出すことのできない有標な情報である．このことは，believe 類のような思考動詞が「NP to VP」の連鎖を従えることを許す言語が，比較的少数の言語に限られていることを反映している．たとえば，英語と同じ印欧語族に属するフランス語((112a))，イタリア語((112b))，ドイツ語((112c))でも，believe のような思考動詞は「NP to VP」の連鎖を補文として従えられない．

(112) a. * Pierre a cru Marie avoir achete des fraises.
　　　　　Pierre has believed Marie to-have bought some strawberries
　　　b. *?Gianni riteneva Mario essere una brava persona.
　　　　　Gianni believed Mario to be a nice guy
　　　c. * Ich glaube ihm am leben zu sein.
　　　　　I believe him alive to be

3.3.4 対格主語の構造的位置

3.3.2 では，believe 類に隣接する名詞句が D 構造で補文主語位置にあるのに対して，persuade 類のそれは主節の目的語位置にあることをみた．すると，後者の名詞句が他動詞の目的語と平行した特徴を示すことは((89)，(90))，その名詞句が主節の目的語位置を占めることの自然な帰結である．しかし 3.3.1 でみたように，believe 類に後続する名詞句は，主語的な特徴と他動詞の目的語としての特徴の両方を持っている(このような，主語性を示しながらも対格を担う名詞句を，対格主語(accusative subject)という)．問題の名詞句の主語性は，それが D 構造で補文主語位置を占めていることに帰せられるが，その目的語性はどのように説明されるのであろうか．この問いは，believe 類の対格主語が S 構造の段階でどのような構造的位置を占めているのか，という問題と深く関係しており，その主な説明方法は大まかに言って 2 つある．1 つは，believe 類の

対格主語が (113) のように，D 構造から S 構造への派生過程で，補文主語位置から主節の目的語位置に繰り上がると考えるものである (Postal 1974)．この移動を「主語から目的語への繰上げ」(Subject-to-Object Raising: SOR) といい，この移動を想定する分析を「繰上げ分析」(raising analysis) という．

(113)　I believed him_i [t_i to be a fool].
　　　　　　　　　↑_____SOR

SOR があると，対格主語は S 構造の段階で主節動詞の目的語位置を占めているため，それが他動詞の目的語と平行した振る舞いをすることは，驚くにあたらなくなる．

　それに対して Chomsky (1973, 1981, 1986a) は，believe 類の対格主語は，派生のいかなる段階においても補文主語位置を占めると考える．この分析を「非繰上げ分析」(non-raising analysis) という．この分析の1つの根拠として，主語条件 (Subject Condition) に関する事実をあげることができる (Chomsky 1973, 49)．一般に，(114) の対比が示すように，目的語内部からある要素を取り出すことは可能であるが，主語からは不可能である．(114b) と同様に，believe 類の対格主語の内部からの取り出しも不可能である ((115))．

(114)　a.　Who did you buy pictures of＿?
　　　　b.　*Who did pictures of ＿ lay on the table?
(115)　*Who did you expect stories about ＿ to terrify John?

もし，繰上げ分析が主張するように，対格主語が目的語位置に繰り上がっているとしたら，(115) は (114a) と同様に文法的であるはずだが，実際はそうでない．一方，非繰上げ分析では，対格主語が派生のいかなる段階においても補文主語位置にあるので，(115) の非文法性は主語条件に帰することができる．

　非繰上げ分析では，対格主語が派生構造においても補文主語位置を占めていると考えるのだが，対格主語の目的語的性質を示す (89b) と (90b)

第 3 章　不定詞補文　101

の事実はどのように捉えられるのだろうか．Chomsky (1981) は，believe 類の対格主語は格フィルターを満たすために，(116) のように節境界 (clause-boundary) を超えて主節動詞から対格を付与されると考える．この操作を，例外的格付与という．

 (116)　I believed [$_{IP}$ him to [$_{VP}$ be intelligent]].
       | CASE ↑

通常，CP は格付与に対する障害となるため，believe 類は IP を範疇選択することを，その語彙特性として規定する必要がある（⇒ 3.3.2）．believe 類の不定詞補文が IP であるならば，対格主語が単文の目的語のように働くのは，それが IP を超えて主節動詞から対格を付与されるためであると説明することができる．すなわち，対格主語の目的語性は，不定詞補文が IP であるという believe 類の語彙特性に還元されるのである．

 (116) の格付与の操作がなぜ「例外的」であるかというと，通常，英語の他動詞が目的語に対格を付与する場合，その動詞が目的語に何らかの θ 役を与えるのが一般的であるが，(116) の him は主節動詞 believe から対格を付与されているにもかかわらず，believe からは θ 役を与えられていないからである．つまり，(116) では格付与と θ 標示が別々の述語によって行われている点で，通常の格付与とは異なる．

 Chomsky (1981) 以来，繰上げ分析はあまり支持されなくなった．その主な理由は，SOR が投射原理（Projection Principle）に抵触することである．投射原理によると，語彙項目の語彙特性（とくに，意味選択特性）が，すべての統語レベル（D 構造，S 構造，論理形式）で保持されなければならない．この原理が正しいとすると，その帰結として，すべての補部が D 構造で主要部によって θ 標示され，D 構造で θ 標示されていない補部が S 構造で現れないことになる（Chomsky 1986a, 90–91）．3.3.3 でみたように believe 類は，〈命題〉を意味選択し，IP を範疇選択することが語彙記載項目に規定されている．この語彙特性が D 構造に反映され，believe 類の「NP to VP」は概略 (117a) の D 構造を持つ．しかし，もし (117b) のように SOR が適用されるならば，believe 類は D 構造の段

階で θ 標示されていない補部(目的語)が，S 構造の段階でのみ現れることを許してしまう．そのため，SOR は投射原理によって排除される．

(117) a. We believed [IP him to be intelligent].
　　　b. We believed [NP him]i [IP ti to [VP be intelligent]].

SOR は投射原理に抵触するものの，非繰上げ分析では説明できない事実が多く存在する (Postal and Pullum 1988; Johnson 1991; Lasnik and Saito 1991; Bowers 1993)．以下，繰上げ分析を支持する有力な証拠をいくつか概観し，繰上げ分析が非繰上げ分析よりも記述的に妥当であることをみることにする．

SOR を支持する証拠の 1 つに，格付与の隣接性条件に関する事実がある．通常，英語の対格の目的語は，動詞に隣接していなければならない ((118a))．これは believe 類の対格主語についても当てはまる ((118b))．

(118) a. *Mary believed sincerely him.
　　　b. *Mary believed sincerely him to be innocent.

(118b) の非文法性は，格付与の隣接性条件違反によると考えられるが，対格主語が移動すると，(119) に示すように文法的になる．

(119) a. Whoi did Mary believe sincerely [ti to be innocent]?
　　　b. Himi, Mary believed sincerely [ti to be innocent].

一般に，wh 移動で残された痕跡(変項)は格付与されなければならない (Chomsky 1981)．ところが (119a, b) の痕跡は，(118) の him と同じように隣接していないため，非繰上げ分析では隣接性条件に違反することになる．一方，繰上げ分析では，対格主語は wh 移動する前に主節の目的語位置に移動しているため，wh 痕跡と主節動詞は隣接していることになり ((120))，隣接性条件の違反は生じない．

(120) a. Whoi did Mary [believe ti sincerely [ti to be innocent]]?
　　　b. Himi, Mary [believed ti sincerely [ti to be innocent]].

したがって (119) と (120) の対比は，believe 類の対格主語が主節に移

動していると考えると，自然に説明できる．

2つ目の証拠として，Lasnik and Saito (1991, 327) で提示されたものをみてみよう（以下 Lasnik and Saito を L&S と略記する）．L&S は Postal (1974, 120) の観察を基に，(121) の対比を指摘している．(121a) では，主節を修飾している付加詞内の Bob が，補文主語 he と同一指示になりうる．一方，補文主語 (= him) が対格である場合には，Bob は補文主語と別指示でなければならない ((121b))．

(121) a. Joan believes [that he$_i$ is a genius] even more fervently than Bob$_i$'s mother does.
b. ?*Joan believes [him$_i$ to be a genius] even more fervently than Bob$_i$'s mother does.

固有名詞のような指示表現は束縛原理 C に従う．この原理は，指示表現が，同一指標の名詞句によって c 統御される位置にあってはならないことを要求する（c 統御の定義については 2.3.2 を参照）．すると，(121b) の非文法性は，対格主語 him が，付加詞内にある指示表現 Bob's を c 統御できる位置にあることを示している．(121a) と (121b) の相違は，(121b) の him が主節に繰り上がっていると仮定するならば，捉えられる．一方，(121b) の him が派生のいかなる段階でも補文主語位置に留まっていると想定するならば，(121b) の him と Bob's の構造的関係は (121a) における関係と同一のものとなり，(121a) と (121b) の相違は説明することができない．

L&S はこの考察を基に，Postal の繰上げ分析は本質的に正しいと考え，believe 類の対格主語は主節の目的語位置に繰り上がっていると結論づけている．しかし GB 理論で仮定されているように，目的語が V の補部にあるとすると，(121b) の目的語は付加詞内の要素を c 統御できない．そこで，L&S は極小主義の格照合理論 (Case-Checking Theory) に沿って，believe 類の対格主語は (122) のように Agr$_O$P の指定部へ繰り上がり，その位置で目的語の格が照合 (check) されると仮定する．このように考えると，対格主語は Agr$_O$P の指定部で VP に付加した付加詞を c 統御で

きるので，(121b) の非同一指示が説明される．

(122)
```
        AgroP
       /    \
     himi   Agro'
           /    \
         Agro    VP
               /    \
              VP    more fervently than Bobi's mother does
             /  \
            V    IP
         believes ti   I'
```

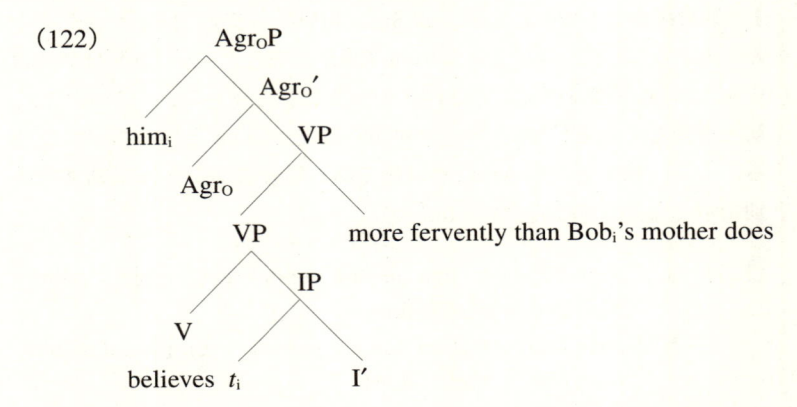

一方 (121a) の主格主語 he は，すでに IP の指定部で主格が照合されているので，主節の IP の指定部に繰り上がる必要はない ((123))．したがって，(121a) の he は Bob's を c 統御しないので，he と Bob's は同一指示である．

(123)
```
              VP
             /  \
            VP   more fervently than Bobi's mother does
           /  \
          V    CP
       believes / \
              C   IP
            that hei  I'
```

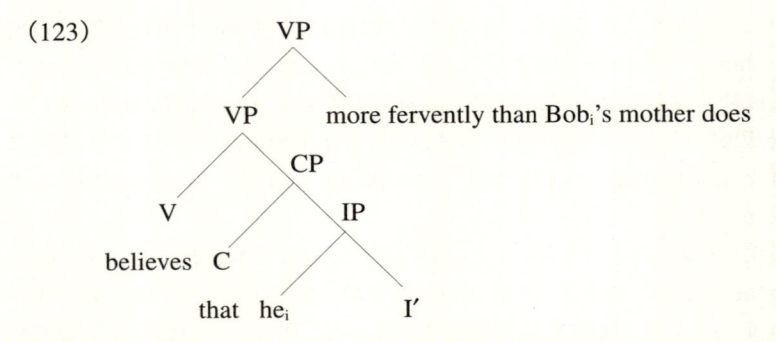

同様の議論が，any のような否定対極表現の分布に関しても成り立つ．下記の例文をみてみよう (L&S 1991, 328–329)．

(124) a. ?*The DA proved [that *none of the defendants* were guilty] during *any of the trials*.
　　　b. ?The DA proved [*none of the defendants* to be guilty] dur-

ing *any of the trials*.

*Anybody didn't know the answer. の非文法性から明らかなように，否定対極表現は否定表現によって c 統御されねばならない（⇒ 5. 3. 1）．(124a) の none of the defendants は IP の指定部に留まり，any を c 統御しないが，(124b) の none of the defendants は Agr_OP の指定部に繰り上がるため，付加詞内の any を c 統御する．

　副詞の分布制限も，SOR を仮定する根拠と考えられる．通常，副詞はそれ自身が基底生成する構成素内の要素を修飾する．したがって，(125a) の recently は補文の内部に基底生成しているので，補文の述部を修飾することはできるが，主節の述部 have found を修飾することはできない．ところが，(125b) のように recently に先行する名詞句が対格である場合，recently は主節の述部 have found を修飾する解釈が可能である（Postal 1974, 146）．

(125)　a.　I have found that Bob *recently* has been morose.
　　　　b.　I have found Bob *recently* to be morose.

この解釈が可能であることから，(125b) の recently は主節 VP に付加しており，それに先行する対格主語は，recently よりも高い構造的位置にあると考えねばならない（(126)）．

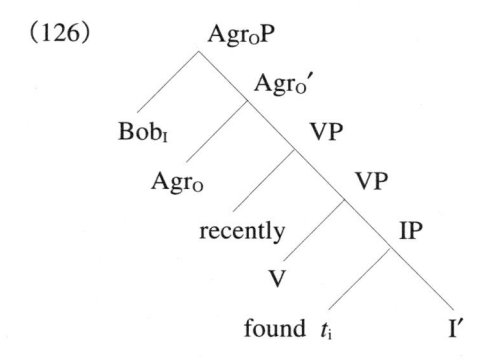

(126)
```
        Agr_OP
       /      \
    Bob_i    Agr_O'
            /      \
          Agr_O     VP
                   /  \
               recently VP
                       /  \
                      V    IP
                      |   /  \
                   found t_i  I'
```

(125b) の副詞の解釈は，対格主語が主節に繰り上がっていると考えれば

必然的な結果であるが，他方，対格主語が派生のどの段階でも補文主語位置を占めると考える非繰上げ分析では，捉えることはできない．

以上，繰上げ分析のほうが，非繰上げ分析よりも広範囲の事実を捉えることができることをみた．

GB 理論から極小主義への理論的転換を経て，Chomsky (1993) 自身も，believe 類の対格主語は主節の AgroP の指定部に繰り上がるという見解を示している．ただし Chomsky は，SOR が論理形式部門で適用されると分析している点で，Postal や L&S とは異なる．またその分析は，上記 (125b) の事実を説明できないという不備がある．最近の believe 類の不定詞補文に関する研究は，対格主語が主節に繰り上がる点で意見は一致しているが，SOR が顕在的に生じるのか潜在的に生じるのかという点をめぐって，活発な議論が続いている（L&S の批判については Pettiward (1998) を参照）．

3.3.5 Want 類の「NP to VP」型補文

3.3.1 で言及したように，want, wish, hate などの感情を表す want 類も，believe 類や persuade 類と同様に，「NP to VP」という連鎖を従えることができる．want 類は，隣接する名詞句に選択制限を課さない点 ((127))，また，その名詞句が補文内部で受動化されても，能動文との同義関係が保たれる点 ((128)) で，persuade 類とは異なる．

(127) a. I can't bear there to be a spy among us.
b. I would {like / love / wish} there to be some chairs in my room.
(128) a. I would like John to do this at once.
b. =I would like this to be done by John at once.

これらの事実から，want 類は believe 類と同様に，主節主語を外項に，「NP to VP」の連鎖を内項にとる，2 項述語であると結論づけられる．

ところが want 類は，好悪や願望といった人間の感情を表すため，その補文は話し手の主観的あるいは感情的な反応を表すという点で，思考・認

識を表す believe 類とは異なる (Kiparsky and Kiparsky 1970, 169–170). そのため want 類は，sorry などの感情述語のグループに属し，believe 類とは異なる統語的特徴を示す．第一に，believe 類は補文標識 for をとることができないが ((129))，want 類は補文標識 for をとることができる ((130)).

(129) a. *I believed for John to be the murderer.
b. *I felt for the chair to be comfortable.
c. *I proved for John to be innocent.

(130) a. I can't bear for there to be a spy among us.
b. I would like for there to be some chairs in my room.
c. I wanted very much for Mary to finish this by tomorrow.

第二に，believe 類の補文主語位置には PRO が生起できないが ((131))，want 類の補文主語位置には生起できる ((132)).

(131) a. *I believed [PRO to be the murderer].
b. *I felt [PRO to be comfortable].
c. *I proved [PRO to be innocent].

(132) a. I would {like / love / prefer / wish} [PRO to leave early].
b. I wanted [PRO to do this at once].
c. I would hate [PRO to resign from the position].

第三に，believe 類の対格主語は受動化によって主節主語になれるが (⇒ 3.3.1)，want 類の対格主語はなれない (Bresnan 1972, 155–156).

(133) *They are {wanted / desired / preferred / liked / hated / loved / wished} to be truthful.

(133) の非文法性は，want 類がもともと対格付与能力を欠くので，受動化できないことによると考えられるかもしれない．しかし want 類は (134) のように，名詞句を伴う場合に目的語を受動化することができることから，want 類は格付与能力を備えていると考えられる (Bresnan 1972, 155).

(134) Public transportation is not {wanted / desired / preferred / liked / hated / loved / ?wished} by everyone.

それでは，上記の want 類の特性に対して，どのような説明が可能であろうか．その問いに答えるためには，まず want 類の補文がどのような θ 役を担うのかを考える必要がある．want 類の補文は，(135) が示すように真偽決定可能ではないので，〈非現実〉を担うと言える (Pesetsky 1991, 144)．

(135) a. *Mary wanted [Sue to read a book, which was true].
b. *Mary would like [Bill to buy the book with John's money, which would be truer than you might think].
c. *Mary hates [her students to smoke in class, which was false].
d. *John could wish [there to be more salt in the soup, which was false].

3.2.3 で仮定したように，〈非現実〉の CSR は CP であるから，want 類の「NP to VP」は CP として具現する ((136))．

(136) I preferred [$_{CP}$ Mary to do this at once].

want 類が for 付きの不定詞補文やコントロール補文をとるのは，want 類の内項が〈非現実〉の CSR によって CP として具現されるからである．また，(133) の事実も，補文が CP であることに求められる．(133) の文は概略，(137) のような S 構造を持つ．

(137) *They$_i$ are preferred [$_{CP}$ [$_{IP}$ t_i to be truthful]].

(137) のように，補文主語 they が補文 CP を超えて主節へ移動すると，名詞句痕跡は先行詞と同じ CP の内部にないため，束縛原理 A に違反する．

ここで1つの疑問が生じる．want 類の「NP to VP」の範疇が CP であるとすると，補文の対格主語はどのように格を付与されるのであろうか．CP は統率に対する障壁となるため，主節動詞から対格が付与される

と考えるのは難しい．この問いに対する有力な分析の 1 つに，Bresnan (1972) がある．Bresnan を先駆とする want 類の分析は，研究者の間で若干の相違はあるが (Chomsky 1981; Lasnik and Saito 1991; Bošković 1997)，want 類の for 付き不定詞補文の主語 ((138a) の Mary) が，for によって格付与されるのと同様に，want 類の対格主語もゼロ補文標識で格付与されると考えている ((138b))．以下，ゼロ補文標識を ϕ_{for} と示す．

(138) a. I preferred [$_{CP}$ for Mary to do this at once].
   b. I preferred [$_{CP}$ ϕ_{for} Mary to do this at once].
         |CASE↑

want 類の対格主語は，顕在的に for が現れた場合と同様に，補文の内部で格が付与される．この分析では，対格主語への格付与は補文の内部で行われるから，want 類の対格主語は believe 類のようには，主節の目的語位置へは繰り上がらない．このことは，次の文法性の対比によって裏付けられている (L&S 1991, 336–337).

(139) a. ?*Joan believes [him$_i$ to be a genius] even more fervently than Bob$_i$'s mother does.
   b. ?John wants [him$_i$ to be successful] even more fervently than Bob$_i$'s mother does.
(140) a. ??I believed [*none of the applicants* to be qualified] after reading *any of the reports*.
   b. ?*I wanted [*none of the applicants* to be fired] after reading *any of the reports*.

(139a) と (140a) の文法性は，3.3.4 で述べたように，対格主語が主節に移動していることを示している．want 類の対格主語は，上記 (139b) と (140b) の文法性が示すように，believe 類の対格主語とは対照的な振る舞いをする．すると，want 類の対格主語は，主節を修飾している付加詞を c 統御できない構造的位置，つまり，補文主語位置に留まっていると考える必要がある．

 一方，対格主語への格付与は，主節動詞の格付与能力と関係しているこ

とを示す事実もある．Bresnan の分析では，want 類の対格主語は，for を選択した場合と同様に ϕ_{for} で格付与されるので，「for NP to VP」と「NP to VP」には分布上の差がないはずだが，双方は相補分布をなす．

(141) a. It was preferred *(for) Mary to leave at once.
   b. Everyone preferred very much *(for) Mary to leave at once.
   c. *(For) Mary to leave at once was preferred by everyone.

対格主語が主節動詞との関係で格付与されるならば，(141a) の非文法性は，preferred が対格を吸収された受動動詞であるから，隣接する Mary が格付与されず，格フィルターに違反するためだと説明される．また，(141b, c) の非文法性も，主節動詞 prefer が Mary を統率できないため，格が適切に付与されないことに帰せられる．

(141) の事実は，want 類が対格主語に格を付与していることを示しているように思われるが，かならずしもそうではない．なぜなら，want 類の従える「NP to VP」の補文は，2.3 でみたゼロ that 節補文と類似した分布を示すからである ((142))．

(142) a. It was believed *(that) Thomas left at once.
   b. Henry believed seriously *(that) Thomas left at once.
   c. *(That) Thomas left at once was believed by everyone in the room.

すると，(141) の非文法性は，ゼロ補文標識の ϕ_{for} が適正主要部統率されないことに帰着させることができる (⇒ 2.3.1)．ただし，2.3.2 でみたように，ゼロ that 節補文は，that のゼロ形が C の位置を占める CP ではなく，〈命題〉の例外的具現形 IP であるとした．すると，want 類の「NP to VP」も ϕ_{for} が C の位置を占める CP でなく，〈非現実〉の例外的具現形 IP なのであろうか ((143))．

(143) I preferred [$_{IP}$ Mary to do this at once].

want 類の「NP to VP」型補文は，for 付きの不定詞補文と等位接続されることができる ((144a) は Sawada (1985, 195 fn) による)．

(144) a. I'd like [(for) Mary to come to Japan], and [for her to see my parents].
b. I hated [Henry to come here] and [for him to see my father].
c. I preferred [Henry to stay] but [for Thomas to leave].

等位接続される要素は互いに同じ範疇であるとすると（⇒ 3.2.3），(144)の文法性は，want 類の「NP to VP」の範疇も，for 付きの不定詞補文と同様に CP であることを示している．したがって want 類の「NP to VP」は，〈非現実〉の例外的具現形 IP と考えるよりも，〈非現実〉の CSR として ϕ_{for} が C の位置を占める CP であると考えたほうがよい．

以上の考察から，ここでは，want 類の「NP to VP」は ϕ_{for} が C の位置を占める CP であると提案する．もしこれが正しいならば，(141) の非文法性は，上述のように ECP の違反として捉えられるから，want 類の補文主語は ϕ_{for} によって格が付与されるという，Bresnan の分析の妥当性を弱めるものではないだろう．

3.3.6 Wager 類の不定詞補文

wager 類の不定詞補文は，believe 類のそれと共通した統語的・意味的特徴を示す．第一に，wager 類の補文主語位置には，believe 類と同様に，虚辞の there や仮主語 it が生じうる（Postal 1993, 361）．

(145) a. He alleged there to be stolen documents in the drawer.
b. He guaranteed it to be untrue that this client was a werewolf.

(145) の事実から，wager 類は believe 類と同様に，主語と補文を項として要求する 2 項述語であることがわかる．

また wager 類の不定詞補文は，believe 類のそれと同様に真偽決定可能であることから（(146)），〈命題〉を担うと考えられる（Pesetsky 1991, 144）．

(146) a. Mary$_i$ was admitted [t_i to have won the race, which was true].

b. Mary$_i$ was announced [t_i to have left the room, which was true].
c. Mary$_i$ was wagered [t_i to be the best candidate, which was false].

PRO は〈命題〉を担う補文の主語位置には生起できないので (⇒ 3.2.8)，〈命題〉を担う wager 類の不定詞補文も，believe 類と同様に PRO の生起を許さない ((147))．また wagaer 類は (148) に示すように，補文標識 for をとることもできない (Pesetsky 1991, 167)．

(147) *John {admitted / announced / wagered} [PRO to have entered the room].
(148) a. *Bill admitted for Mary to have stolen the election.
b. *John announced for Mary to have entered the room.
c. *Bill wagered in a loud voice for Mary to have entered the room.

このように，wager 類は believe 類と共通した特性を備えているが，補文主語位置に指示的な名詞句が生起できない点で，believe 類とは異なる．

(149) *Bill {admitted / announced / wagered} Mary to have won the race.

(149) の非文法性は，wager 類が対格付与能力を欠くことによると思われるかもしれないが，そうではない．なぜなら，wager 類は補文とは別に目的語をとれるからである ((150))．

(150) a. John admitted his error.
b. John announced the winner.
c. John wagered his fortune on the absence of c-selection.

さらに興味深いことに，(149) の文は，補文主語が受動化や wh 移動の適用を受けると，(151) と (152) に示すように文法的になる (Pesetsky 1991, 133)．

(151) Mary$_i$ was {admitted / announced / wagered} [t_i to have won the race].

(152) Mary, who$_i$ Bill {admitted / announced / wagered} [t_i to have won the race].

(151)のように wager 類では，補文主語が受動化によって補文を超えることができるので，補文の範疇は〈命題〉の例外的具現形 IP であると考えなければならない（⇒ 3.3.3）．それでは，なぜ wager 類は，believe 類と同様に不定詞補文の範疇が IP であるにもかかわらず，補文主語に格を付与できないのであろうか．

この問題は，wager 類の外項が担う θ 役が〈動作主〉であることと関係する．Pesetsky (1991, 140–141) によると，外項の θ 役が〈動作主〉であるような動詞（発話様態，発話内容，心的状態の変化を表す動詞）は，補文主語に対して例外的格標示を行なうことはできないが，外項の θ 役が〈動作主〉でないような動詞（心的状態を表す動詞）は，例外的格標示を行なうことができる（下記 (153) を参照）．

(153)

*発話様態 (manner of speech)	< ?*発話内容 (content of speech)	< ??/(?)*心的状態の変化 (change of mental state)	< 心的状態 (mental state)
grunt	admit	confirm	assume
moan	affirm	decide	imagine
mumble	agree	discover	presuppose
mutter	announce	plan	recollect
say	assert	prepare	remember
scream	avow	realize	think
shout	claim	resolve	
sigh	conjecture	verify	
whisper	declare		
	wager		

Pesetsky はこの観察を基にして，〈動作主〉を外項に付与する動詞は，補

文主語に対格を付与できないという条件を提案し，wager類の不定詞補文に語彙的な主語が生じえないのは，上記の条件のためであると説明している．しかしPesetskyも認識しているように，上記の条件は記述的一般化にすぎない．この一般化に対してBošković (1997)は，極小主義の観点から原理的な説明を与えている．

Boškovićは，外項が〈動作主〉を担う他動詞は次のような句構造を持つとしている．

(154) [$_{AgroP}$ e Agr$_O$ [$_{VP}$ e V [$_{VP}$ Sub V Obj]]]

(154)の構造には，2つのVPがあるが，これは，動詞の語彙的意味が抽象的な述語によって分解できるという，語彙概念構造 (Lexical Conceptual Structure: LCS) の発想を句構造に反映したものである．たとえば，killという動詞は，〈動作主〉が意図的にその対象に働きかける事象 ([x ACT ON y]) と，その結果としてその対象が死んだ状態になるという事象 ([y BECOME [y BE [DEAD]]]) に分解できる．前者の事象を(154)の上位のVPが表し，後者の事象を下位のVPが表すと考えられる．さらにBoškovićは，〈動作主〉を担う外項は，下位のVP指定部から上位のVP指定部に移動すると仮定する．この仮定によれば，wager類の文は(155)のような構造を持つことになる．

(155) *[$_{AgroP}$ e Agr$_O$ [$_{VP}$ John$_i$ wagered$_j$ [$_{VP}$ t_i t_j [$_{IP}$ Mary to be crazy]]]

(155)のような構造が与えられると，(149)の非文法性は，最小連結条件 (Minimal Link Condition: MLC) によって説明することができる．最小連結条件とは，おおむね，複数の移動候補がある場合，移動の着地点により近い候補が移動の対象となることを規定した原理である．たとえば，(156)のJohnは格照合のために，seemの主語位置へ移動しなければならない．この移動は，移動の着地点(主節のIP指定部)により近い候補itを飛び越すことになり，したがって，最小連結条件によって排除される．

(156) *[$_e$ seems [$_{CP}$ that it is likely [$_{IP}$ John to be smart]]]

以上を踏まえて，(155) を検討してみよう．(155) の補文主語 Mary は，格照合のため Agr$_O$P 指定部へ移動しなければならないが，この移動は，移動の着地点により近い候補 (John$_i$, t_i) を飛び越えて Agr$_O$P 指定部へ移動するため，(156) と同様に最小連結条件に抵触する．

一方，(151) のような受動文の場合には，受動動詞 wagered の外項が抑制されるので，上位の VP が投射されることはない ((157))．したがって，補文主語が受動化によって主節主語位置へ移動したとしても，着地点 (主節の IP 指定部) により近い別の移動候補が存在せず，最小連結条件の違反は生じない．

(157) [$_{IP}$ e was [$_{VP}$ wagered [$_{IP}$ Mary to be crazy]]]

3.3.7 Hope 類の不定詞補文と CSR

3.3.5 では，want 類の 3 つの補文タイプ——「PRO to VP」，「NP to VP」，「for NP to VP」——が，〈非現実〉の CSR によって CP として具現することをみた．want 類と同じ願望の意味を表す hope, yearn, long は，「PRO to VP」と「for NP to VP」を従えることができるが ((158a, b))，「NP to VP」を従えることはできない ((158c))．

(158) a. John {hoped / longed / yearned} to resign.
   b. John {hoped / longed / yearned} for Mary to resign.
   c. *John {hoped / longed / yearned} Mary to resign.

hope などの不定詞補文は，(159) が示すように真偽決定可能でないことから，〈非現実〉を担うと考えられる．したがって，hope などは want 類と同様に，「NP to VP」を〈非現実〉の CSR によって CP として具現していいはずである．

(159) a. *John {hoped / longed / yearned} [PRO to resign, which is true].
    b. *John {hoped / longed / yearned} [for Mary to resign, which is true].

hope などが「NP to VP」を従えられないことを語彙的な例外と考え，その語彙特性として規定することは，事実をそのまま述べたにすぎない．

ここで注目すべきは，want 類と異なり，hope などは名詞句を伴う場合に前置詞 for を選択できるということである．

(160) a. They {hoped / longed / yearned} *(for) our help.
    b. *They {would like / wanted} for our help.
            (Bresnan 1972, 173)

(160a) の特性を持つ動詞として，hope, long, yearn 以外にも下記 (161) のようなものがある (Quirk et al. 1985, 1194)．これらの動詞を便宜上，hope 類と呼ぶことにする．

(161) arrange for, call for, ache for, aim for, burn for, burst for, care for, clamor for, itch for, prepare for, plan for, wait for

(158)–(160) の事実から，前置詞 for の選択と「NP to VP」の選択には，(162) のような相関関係があると考えられる．

(162) 前置詞 for を選択する動詞は，「NP to VP」を CP として具現できない．

hope 類が「NP to VP」を従えられないということは，(162) の一般化があれば，前置詞 for を選択するという hope 類の特性から予測される．ただし (162) は，単なる記述的一般化にすぎない．この一般化自体がなぜ成り立つのかという問いが，新たに生じる．

hope 類では，「for NP to VP」全体が移動した場合，もう1つ for が現れなくてはならない ((163a) は Quirk et al. (1985, 1194) による)．

(163) a. For the administration to resign so quickly was not called

　　　　＊(for).
　　b.　What we hoped *(for) was for John to win.

(163)の事実は，hope類が選択する「for NP to VP」の派生のある段階で，前置詞forが現れることを示している．なお，(163)と類似の現象は(164)のようにthat節補文にも観察されるものであることから(Rosenbaum 1967, 83)，hope類だけに特有な特徴ではない．

　(164)　a.　That the plane flew at all was marveled *(at) by them.
　　　　　　　(*cf.* They marveled (*at) that the plane flew at all.)
　　　　b.　That you were happy was rejoiced *(at) by everyone.
　　　　　　　(*cf.* Everyone rejoiced (*at) that you were happy.)

(163)に基づいて，hope類の「for NP to VP」は，前置詞forに選択される(165)のD構造を持つと仮定しよう(Bresnan 1972; Chomsky and Lasnik 1977)．

　(165)　I hoped [$_{PP}$ for [$_{CP}$ for Mary to leave]].
　　　　　　　　　　　　　↓
　　　　　　　　　　　　　φ

通例，英語の前置詞はCP節と隣接することができないため，「for NP to VP」は(163)のように移動されるか，(165)のように前置詞forが削除されなくてはならない．

　さて，hope類の「for NP to VP」のD構造を基にして，もう一度，なぜhope類が「NP to VP」を従えることができないのかという問題について考えてみよう．3.3.5では，want類の「NP to VP」におけるCの位置を占めるϕ_{for}が，動詞によって適正主要部統率される位置，すなわち，動詞の補部位置に限定されることをみた．(166)のforのゼロ形ϕ_{for}は，動詞(hope)の補部位置を占めているのではなく，空の前置詞の補部位置を占めている．したがって，ϕ_{for}はhopedによって適正主要部統率されず，(166)はECPに違反する．

　(166)　*I hoped [$_{PP}$ *e* [$_{CP}$ ϕ_{for} Mary to leave]].

hope 類が「NP to VP」を従えられないという事実は，(165)のD構造を仮定すれば，ECPという一般的原理によって導き出すことができる．

3.3.8 ま と め

3.2で取り上げた「to VP」型補文と同様に，「NP to VP」型補文も，補文主語位置を占める要素の種類と補文のθ役の種類を基準に，(167)のように分類される．

(167)

補文のθ役＼補文主語	PRO	名詞句痕跡	名詞句
〈非現実〉	persuade 類	*	want 類
〈命　題〉	*	believe 類 wager 類	*

上記の表からも，3.2.7でみたように，名詞句痕跡が〈非現実〉の補文主語位置に生起できないことと，PROが〈命題〉の補文主語位置に生起できないことが確認できる．また，動詞 expect は多義的に用いられるが，これも上記の一般化の根拠となる．

Bresnan (1972, 163-165) によると，expect は，「意図的」(intentional)，「強制的」(compulsive)，「予測的」(predictive)の3つの意味を持つ (cf. Pesetsky 1991, 145-147)．「意図的」という意味では，expect は want 類と同様に主語の願望を表し，補文は〈非現実〉を担う．その場合 expect は，「for NP to VP」と「PRO to VP」の2タイプの補文構造を許す ((168))．「強制的」の意味では，expect は persuade 類と同様に，(169)のように隣接する名詞句が有生であることを要求する．

(168) a.　I don't expect at all [for you to believe me].
　　　 b.　I don't expect [PRO to be believed].
(169)　 As long as I'm boss, I will expect everybody to have a share in the office work.　　　　　　　　(Bresnan 1972, 163)

「予測的」の意味では，expect は believe 類のように主語の信念を表している．(170a) は，「意図的」と「予測的」の2つの意味で曖昧であるが，(170b) のように補文主語が受動化すると，「予測的」の意味のみを持つ (Pesestky 1991, 146)．

(170) a. I expect there to be flowers on the table.
b. There is expected to be flowers on the table.

(170b) には「意図的」の意味はないが，これは，〈非現実〉を担う want 類の補文が名詞句痕跡を許さないからである．

このように，expect の多義性からも，PRO と名詞句痕跡の分布が補文の θ 役の種類によって制限されていることがうかがえる．

3.4 「NP VP」型補文

英語には不定詞標識 to の顕現しない不定詞，いわゆる，裸不定詞 (bare infinitive) がある．裸不定詞を補文に従えられる動詞として，feel, hear, notice, observe, overhear, see, watch のような知覚動詞，have, make の使役動詞，許可の let などがある．

(171) a. John {observed / saw / noticed} Mary cross the street.
b. We {made / let / had} Mary wash her car.

(171) の裸不定詞補文は，to を欠くという特性以外に，補文が主節から独立した時制を欠くこと ((172))，不定詞に先行する名詞句が受動化によって主節主語になれないこと ((173)) の2つの特性を備えている．

(172) a. *John {observed / saw / noticed} Mary cross the street tomorrow.
b. *We {made / let / had} Mary wash her car tomorrow.
(173) a. *Mary was {observed / seen / noticed} cross the street.
b. *Mary was {made / let / had} wash her car.

知覚動詞，使役動詞，許可の let は上記の2点で共通しているものの，そ

れぞれ独自の意味的・語彙的特性を備えている．以下，それぞれの動詞の裸不定詞補文の特性を概観しながら，それらの内部構造がどのようなものであるかを考えることにする．

3.4.1　直接知覚補文

　see, hear などの知覚動詞は，裸不定詞補文のみでなく，分詞補文, to 不定詞補文, that 節補文というように，4つの補文を従えられる．

(174)　a.　John saw her drown.
　　　 b.　John saw her drowning.
　　　 c.　John saw her to have drowned.
　　　 d.　John saw that she has drowned.

(174a, b) と (174c, d) の補文は，主節主語がその補文内容を直接的に知覚したかどうかの点で区別される (Borkin 1973, 54)．(174a, b) の文では，主語であるジョンが，彼女が溺死するところを直接的に見ていなければならないのに対して，(174c, d) の場合はその必要がない．たとえば，彼女が溺死するところをジョンが実際に目撃したのでなく，その事態をジョンが人づてに知っただけであっても，(174c, d) の文は適格である．この場合，動詞 see は「～とわかる」という認識的 (epistemic) な意味で用いられている．要するに，(174a, b) の補文は，主語が直接的に知覚した内容を表しているのに対して，(174c, d) の補文は，間接的に知覚した内容を表している．

　また (174a, b) の補文は，主語が直接的に知覚する対象であるので，知覚とその知覚対象である補文事態は，同時発生的に存在しなければならない．そのため，直接知覚の補文は (175) のように，主節とは異なる時制を表す時間副詞によって修飾されることはない (Hornstein 1990, 154–155)．

(175)　a.　*At 6 o'clock, John saw Bill leave at 7 o'clock.
　　　 b.　*At 6 o'clock, John saw Bill leaving at 7 o'clock.

(174a) と (174b) の補文は，直接知覚を表している点で共通しているものの，両者は相において異なる．(174a) の補文は，彼女が溺れるという事態が完了している状況を表すのに対して，(174b) の補文はその事態が進行中である状況を表す．この違いは，次の対比に反映している ((176) の # は当該の文が矛盾した内容であることを示す)．

(176) a. #I saw her drown, but I rescued her.
      b. I saw her drawing, but I rescued her.
                              (Kirsner and Thompson 1976, 215)

(176a) は矛盾した表現であるが，それは補文が完了した事態を表すのにもかかわらず，話者 (= I) が彼女を助けたと述べているからである．一方，(176b) の補文は，進行中の事態を表しているので，話者 (= I) が彼女を助けたと言っても矛盾が生じることはない．

以下，(174a) のような補文を知覚裸不定詞補文といい，(174b) のような補文を知覚 ing 補文と呼ぶことにする．次節では，知覚裸不定詞補文に焦点をあてて，その内部構造がどのようなものであるかを検討してみる (知覚 ing 補文は 4.3 で取り上げる)．

3.4.2　知覚裸不定詞補文の内部構造

Akmajian (1977) は，知覚動詞が従える「NP VP」の連鎖を，persuade 類の「NP to VP」と同じように，「NP」と「VP」が互いに独立した構成素をなすと分析する ((177))．その証拠として，「NP VP」の連鎖が構成素テストに対して否定的な結果を示す事実をあげている．

(177)　We [$_{VP}$ saw [$_{NP}$ the moon] [$_{VP}$ PRO rise over the mountain]].
(178)　a. * What we saw was [Raquel Welch take a bath].
       b. *?We could hear, but we couldn't see, [Raquel Welch take a bath].

しかし (178a, b) の非文法性は，知覚動詞の従える「NP VP」の連鎖が構成素をなさないとする分析の十分な根拠とはならない．というのは，

(178a, b) の非文法性は，Raquel Welch が主節動詞 saw と隣接していないので，格が適切に付与されないことによると考えられるからである (Stowell 1983, 301). 実際に，知覚動詞の「NP VP」は，(179) に示すように文照応 it の先行詞になれることから (Gee 1977, 468)，派生のある段階で単一の構成素であると考えられる．

(179) I saw Mary run away, but Bill saw *it* too. (it = Mary run away)

また，知覚動詞の直後の名詞句の位置には，節慣用句の主語が生起できることから ((180))，知覚動詞は persuade 類のような3項述語ではなく，believe 類のように主語を外項に，「NP VP」を内項にとる2項述語であると考えられる．

(180)　a.　We heard all hell break loose.
　　　　b.　Then we saw the shit hit the fan.　　(Gee 1977, 472)

このように，知覚動詞は believe 類と共通した性質を備えているが，知覚動詞の裸不定詞補文の θ 役は，believe 類と異なる．知覚動詞の裸不定詞補文は，(181) のように行為名詞に書き換え可能であることから，その θ 役は〈出来事〉であると考えられる (Higginbotham 1983).

(181)　a.　We {saw / watched} Mary depart.
　　　　b.　We {saw / watched} Mary's departure.

〈出来事〉の CSR は VP もしくは IP であるから (⇒ 3.2.6)，知覚動詞の内項は VP あるいは IP として具現するはずである．知覚裸不定詞補文には，文副詞や虚辞の there が生起できないので，その統語範疇を IP とすることはできない．

(182) *I saw John {clearly / probably} murder the woman.
　　　　　　　　　　　　　　　　　　　　(Gee 1977, 468)

(183)　a.　*?I saw there arrive three girls.
　　　　b.　*?Nathan heard there enter three men.

c. * Jane felt there emerge several bumps.
　　　　　　　　　　　　　　　　　　(Safir 1993, 53)

虚辞の there や文副詞は，I の投射内で認可される要素であるから（⇒ 4.1），(182) と (183) の非文法性は，知覚裸不定詞補文が IP を欠いた投射，すなわち，VP であることを示している．

　ところが，知覚裸不定詞補文を VP と考える分析には，一見反例と思える事実がある．周知のように，知覚動詞の補文主語が受動化された場合，不定詞標識 to が現れる（(184b)）．もし知覚裸不定詞補文が VP であるならば，受動文に限って知覚裸不定詞補文の範疇が IP であるという例外的な規定を設けなければならない．

　(184)　a.　We saw John draw a circle.
　　　　　b.　John was seen to draw a circle.

しかし (184a) と (184b) は，前者の補文が主語の直接知覚の対象であるのに対して，後者の補文は主語の間接知覚の対象であるという点で，異なる（Declerck 1982; Felser 1999）．直接知覚補文は完了の have を含むことを許さないが（(185a)），受動化を受けた to 不定詞補文は，間接知覚補文と同様に have を含むことができる（(185b, c)）．

　(185)　a.　*We saw the library have burned down.
　　　　　b.　The library was seen to have burned down.
　　　　　c.　We saw the library to have burned down.

(185b) は (185a) から派生したと考えるならば，なぜ (185b) が文法的であるかという疑問が残る．一方，(185b) が (185c) から派生したと考えるならば，(185c) の文法性を捉えることができる．

　同じ結論が，外項に〈動作主〉を要求する知覚動詞（look at, watch, listen to）の振る舞いからも得られる（(186)）．これらの動詞では，see, hear とは対照的に，to の存在にもかかわらず補文主語の受動化が許されない（Felser 1999, 33）．

(186) a. We watched John draw a circle.
　　　 b. We listened to Mary sing a song.
(187) a. *John was watched to draw a circle.
　　　 b. *Mary was listened to to sing a song.

もし to 付きの受動文が to なしの能動文から派生したと考えるならば，なぜ (187) が非文であるかが不明である．一方，to 付きの受動文が間接知覚の補文から派生したと考えるならば，(187) の非文法性を，watch や listen to などの動詞が (188) のように間接知覚の to 不定詞補文を選択できないことに求められる．

(188) a. *We watched Mary to be intelligent.
　　　 b. *We listened to Bill to have sung a song.
(Felser 1999, 33)

以上の事実から，to 付きの受動文と to なしの能動文の間に派生関係を認めることはできない．したがって，補文主語が受動化した場合に to が現れることは，知覚裸不定詞補文が I の投射を欠くという結論の妥当性を弱めるわけではない．

3.4.3　Make / Have の裸不定詞補文

使役には，主語が動作主でありその動作が直接的に目的語に及ぶ直接使役（direct causation）と，主語がある事態に対する原因として機能する間接使役（indirect causation）がある（Givón 1975）．前者は，たとえば，目的語コントロール動詞 force に代表されるように，「人に(強制的に)～させる」という意味を持つ．一方後者は，動詞 cause に代表されるように，「事・人が～する原因となる」という意味を持つ．この区別は，次の対比によって確認することができる．

(189) a. John *deliberately* forced Mary to drop her books.
　　　 b. *John *accidentally* forced Mary to drop her books.
(190) a. *John *deliberately* caused Mary to drop her books.
　　　 b. John *accidentally* caused Mary to drop her books.

force の主語は動作主であるから，意図性を含意する deliberately と共起できるが ((189a))，偶発的な事態を表す accidentally とは共起できない ((189b))．それに対して，cause の主語は，意図性を示さない「原因」であるから，主語の意図を含意する deliberately のような副詞とは共起できないが ((190a))，主語の意図を伴わない偶発的な事態を表す accidentally のような副詞とは共起できる ((190b))．

また直接使役は，主語の動作が目的語に直接的に作用するため，隣接する名詞句は動詞から選択制限を受けるが ((191a))，一方，間接使役の場合は，主語が補文事態に対する原因であるため，隣接する名詞句は動詞から選択制限を受けない ((191b))．

(191) a. *The general forced there to be an attack at dawn.
b. The general caused there to be an attack at dawn.

上記の相違は，直接使役の force は，persuade 類のように外項を 1 つと内項を 2 つ要求する 3 項述語であるのに対して，間接使役の cause は，believe 類のように外項と内項を 1 つずつ要求する 2 項述語であることを示している．前者の「NP to VP」の連鎖は，「NP」と「to VP」が個別の構成素であるのに対して ((192a))，後者の「NP to VP」は 1 つの構成素である ((192b))．

(192) a. John forced [$_{NP}$ Mary] [PRO to drop her books].
b. John caused [Mary to drop her books].

直接使役と間接使役が上記のように区別されることを念頭に，make と have の補文構造を考えてみよう．make も have も，accidentally のような副詞ではなく，deliberately のような副詞と共起できることから ((193))，いずれも直接使役を表している (Givón 1975, 62)．

(193) a. *John *accidentally* {had / made} Mary drop her books.
b. John *deliberately* {had / made} Mary do the dishes.

また，make も have も「NP VP」の内部で受動化が生じると，それに対

応する能動文との同義性が保持されなくなる（(194)）．さらに「NP VP」の連鎖は，文照応 it の先行詞にはなれない（(195)）．

(194) a. She {had / made} a specialist examine her mother.
b. ≠She {had / made} her mother be examined by a specialist.
(Langacker 1995, 6)
(195) *Bill {made / had} John jump, and Mary {made / had} *it* too.
(it = John jump) (Felser 1999, 53)

これらの事実は，have と make は force のように，外項を1つと内項を2つとる3項述語であることを示している．各々の D 構造は，概略(196a, b) のようになる．補文は，不定詞標識 to を含まないこと，また文副詞が生起できないことから（(197)），I の投射を欠く VP であると考えられる．

(196) a. John had [NP Mary] [VP PRO drop her books].
b. John made [NP Mary] [VP PRO drop her books].
(197) *We {made / had} Mary [*clearly* murder Bill].

ところが make は，隣接する名詞句が受動化されると，(198b) のように不定詞標識 to が現れる．しかし (198a) と (198b) では，補文述語に対する選択制限が異なるため（(199), (200)），知覚動詞の場合と同様に (198b) が (198a) から派生したとは考えられない．

(198) a. We made John cross the street.
b. John was made to cross the street.
(199) a. *We made John be in need of assistance.
b. John was made to be in need of assistance.
(200) a. *John made Mary be happy.
b. Mary was made to be happy. (Inoue 1992, 144)

なお，have では不定詞標識 to が現れても，(201) のように目的語の受動化が許されない（Quirk et al. 1985, 1206）．

(201) a. They had me repeat the message.
b. *I was had (to) repeat the message.

このように，make と have は直接使役を表す点で共通しているが，make は (202) のように cause の語義で用いられる点で，have とは異なる．(202) における make の主語は，補文事態に対する「原因」と解釈される (小西編 1980, 918)．(203) は類例である (小西編 1980, 918)．

(202) My need for cigarettes {made / *had} the maid go to the store for a pack.
(203) a. Heat makes a gas expand.
b. Some people say that if you step on a worm it makes it rain.
c. We might at least have made it look like manslaughter or second-degree murder.

「原因」の解釈での make は，たとえ主語が人であっても，隣接する目的語に選択制限を課さないようである (Newmeyer 1975, 85)．

(204) a. I made there be a ten minutes' recess.
b. I made there be silence in the courtroom.

したがって，make は 3 項述語としてだけではなく，2 項述語としても用いられる．便宜上，前者を $make_1$，後者を $make_2$ と呼ぶことにする．$make_2$ の補文は，cause と同様に「NP」と「VP」が 1 つの節をなしており，その補文には上記 (204) のように虚辞の there が生じうることから，IP の構造を持つと考えられる ((205))．

(205) Heat makes [$_{IP}$ a gas expand].

3.4.4 Let の裸不定詞補文

let は，make や have とは異なり，「(人が欲する行為をすることを)許しておく」というくらいの allow / permit と同じ「許可」の意味を持つ．許可も使役と同じように，2 通りの解釈を許す．たとえば permit は，主

語の許可が直接的に目的語に及ぶ解釈（(206b)）と，主語の許可が補文事態に及ぶ解釈（(206c)）の2つを許す．(207)のように，主語や動詞に隣接する目的語が無生物である場合には，後者の読みだけが生じる（Jacobson 1990, 443）．

(206) a. Mary permitted her son to leave.
b. Mary gave permission to her son to leave.
c. Mary gave permission for her son to leave.

(207) a. The political climate in 1984 {permitted / allowed} Reagan to win the election.
b. Mary {permitted / allowed} the back lawn to grow wild.

上記の区別は，統語上の違いにも現れる（Jacobson 1990, 443）．permit などの「to VP」は，(206b)の読みでは削除可能であるが（(208a)），(206c)の読みでは削除可能ではない（(208b)）．

(208) a. ?Mary {permitted / allowed} her daughter to run for president, but I'm sure she won't {permit / allow} her son.
b. *The political climate in 1984 {permitted / allowed} Reagan to win, but I don't think that the climate in 1988 would {permit / allow} Bush.

この違いは，3.3.2でみた persuade 類と believe 類の相違と平行している．したがって(208)の対比は，permit などに隣接する名詞句が(206b)の読みでは主節動詞の項であるのに対して，(206c)の読みでは補文述語の項であることを表している．各々のD構造は(209a, b)のようになる．

(209) a. Mary permitted [NP her son] [CP PRO to leave].
b. Mary permitted [IP her son to leave].

let も permit などと同様に，「許可」が目的語に直接的に及ぶ読み（(210)）と，「許可」が補文事態に及ぶ読み（(211)）の2つを示す（Mittwoch 1990, 113–114）．

(210) a. She let him talk (without interrupting him).
　　　 b. She let him stay at home yesterday.
(211) a. The clear airflow tape with 'see-through' perforations lets the wound breathe.
　　　 b. A small vent near the ceiling lets the smoke escape.

また let では，(210) の解釈の場合に補文を削除することができるが，(211) の解釈の場合には削除できない (Mittowoch 1990, 114).

(212) a. He wanted to stay home, but she wouldn't let him (stay home).
　　　 b. *She wanted to win the game, but the weather wouldn't let her (win the game).

(212) の対比から，let も permit と同様に，「NP」と「VP」が別個の構成素をなす (213a) の構造と，「NP VP」が 1 つの構成素をなす (213b) の構造の，2 つを選択すると言える．

(213) a. Mary let [$_{NP}$ her son] [PRO leave].
　　　 b. The weather let [$_{IP}$ the team win the game].

3.5　形容詞不定詞補文

　形容詞が従える不定詞補文には(以下，形容詞不定詞補文)，try 類の補文のように，PRO を主語に持つコントロール補文がある ((214))．この場合，PRO の先行詞は try 類と同様に，主節主語と解される．形容詞のコントロール補文には，さらに主節主語が不定詞の意味上の目的語と解されるタイプがある ((215))．この場合 PRO の先行詞は主節主語ではなく，任意の人 (anyone) と解される．

(214) a. Thomas is eager [PRO to drive to Chicago tomorrow].
　　　 b. Thomas is sorry [RRO to hear it].
(215) a. The car is easy [PRO to drive].
　　　 b. Bob is pretty [PRO to look at].

（214）タイプの補文を従える形容詞は，主語の意志や意図を表す類（(216a)）と，主語の感情を表す類（(216b)）に分けられる．（215）タイプの補文を従える形容詞は，困難，容易，快，不快の意味を表す形容詞（(217a)）と，話者の主観的評価や判断を表す形容詞（(217b)）に下位区分される．

(216) a. able, keen, loath, inclined, curious, due, prepared, eager, ready, free, unable, greedy, hesitant, willing, etc.
b. afraid, angry, astonished, delighted, disappointed, embarrassed, fascinated, glad, happy, indignant, impatient, puzzled, sorry, surprised, worried, etc.
(217) a. awkward, hard, tough, convenient, impossible, difficult, nice, unpleasant, easy, pleasant, etc.
b. pretty, delicious, fragrant, melodious, beautiful, slippery, tasty, etc.

これらの形容詞の類を，順に eager 類，sorry 類，easy 類，pretty 類と呼ぶことにする．以下，それぞれの類の特徴を概観し，補文がいかなる内部構造を持つのかを検討する（形容詞不定詞補文の包括的な分類に関しては，安井ほか (1976), Declerck (1991) を参照）．

3.5.1 Eager 類 vs. Sorry 類

eager 類も sorry 類も，主節主語が選択制限を受けることから（(218b), (219b)），補文に PRO を要求する主語コントロール述語であることがわかる．

(218) a. John was {willing / ready / eager} [PRO to resign].
b. *There was {willing / ready / eager} to be no evidence of his guilt.
(219) a. John was {sorry / excited} [PRO to hear it].
b. *There was {sorry / excited} to be no evidence of his guilt.

また eager 類も sorry 類も，for 付きの不定詞補文を選択できる（(220),

(221)).

- (220) a. I am eager for my son to succeed in the examination.
  - b. He is anxious for his son to get married with Mary.
  - c. John was quite willing for his son to learn linguistics.
- (221) a. I am delighted for your son to pass the examination.
  - b. I am afraid for her to lose her earrings.
  - c. She is worried for her hair to turn grey.

(Declerck 1991, 483)

これらの類似性にもかかわらず，eager 類と sorry 類は不定詞補文の意味内容に関して異なる特徴を持つ．eager 類の不定詞補文は真偽決定可能でないことから ((222))，〈非現実〉を担うと考えられる．

- (222) a. *I am {eager / ready / willing} [PRO to succeed in the examination, which is true].
  - b. *He is {hesitant / reluctant} [PRO to get married with Mary, which is true].

〈非現実〉は未だ実現されない未来の状況を表しているので，eager 類の不定詞補文には，(223) のように過去を表す表現は生起できない（安井ほか 1976, 249）．

- (223) a. *I am eager to have done the work yesterday.
  - b. *He is anxious to have finished it yesterday.
  - c. *His mother is keen to have stayed with them last night.

一方，sorry 類の不定詞補文は，because 節で言い換えられることから ((224))，主節で表される態度・感情に対する「原因」や「理由」を表している．

- (224) a. I am sorry to have kept you waiting.
  - b. I am sorry because I have kept you waiting.

(Quirk et al. 1985, 1228)

sorry 類の不定詞補文は，主節が否定されても，その意味内容が真のままである（(225)）．つまり，sorry 類の補文は，補文が表す行為や出来事が実際に遂行されたこと，つまり，〈事実〉を表していると言えるだろう（Kiparsky and Kiparsky 1970）．

(225) a. #I'm not surprised to have failed the exam, but I didn't fail the exam.
b. #I am not sorry to have failed the exam, but I didn't fail the exam.
c. #I am not excited to win the race, but I didn't win.

〈非現実〉の CSR は CP であり（⇒ 3.2.3），〈事実〉の CSR も CP であるので（⇒ 4.2.2），eager 類も sorry 類も不定詞補文を CP として具現する（(226)）．したがって，両類のコントロール補文は，(227) のように for 付きの不定詞補文と等位接続することができる．

(226) a. I am eager [$_{CP}$ [$_{IP}$ PRO to succeed in the examination]].
b. I am sorry [$_{CP}$ [$_{IP}$ PRO to have kept you waiting]].
(227) a. I am {anxious / eager / keen / loath / willing} [PRO to see Thomas] and [for Mary to see Percy].
b. I am {afraid / sorry / worried} [PRO to lose my earrings] and [for my son to fail the exam].

sorry 類の内項，つまり不定詞補文は〈事実〉を表すと仮定したが，それが that 節として具現した場合，その節の中に推定の should を含むことができる．

(228) I'm surprised that he should have failed the exam.

この場合，一見，補文内容が真であることを前提としていないようにみえるが，このような should が用いられた場合でも，補文は「感嘆」の意味を帯びており，「彼が試験に失敗したこと」は真ととることもできる（Declerck 1991, 422）．この場合の should は「感情の should」といい，仮定法現在の should とは区別される．(228) は，「彼が試験に失敗するな

んて私には考えられない」という感嘆の意味を表しており，補文内容は真である．このことは，感情の should を含んだ節には (229) のように，so, such, like this / that, ever, at all などの「感嘆」を表す程度表現が現れる傾向があることからも，明瞭であろう (Quirk et al. 1985, 1222–1223).

(229)　a.　I am sorry that you should have been *so* inconvenient.
　　　 b.　I am surprised that anyone of your intelligence should swallow a lie *like that*.

3.5.2　Tough 構文

困難，容易，快，不快の意味を表す形容詞は，主節主語が補文述語の意味上の目的語であるような補文を選択することができる．このような補文を含む文を，tough 構文という．tough 構文の主節主語が補文述語の目的語であることは，(230) の文を仮主語 it によって (231) のように書き換えても同義であることから理解できる．

(230)　a.　Bob is hard to convince.
　　　 b.　The bread was hard to bake.
(231)　a.　It is hard to convince Bob.
　　　 b.　It is hard to bake the bread.

生成文法の初期の研究では (Rosenbaum 1967; Postal 1971)，tough 構文は，(230) と (231) の同義関係から，(232) のように，補文の目的語が主節主語位置へ移動することによって派生されると考えられていた．この移動を「目的語から主語への移動」(Object-to-Subject Raising: OSR)，あるいは「tough 移動」と言う．OSR はその名のとおり，補文の目的語のみに適用され，補文主語には適用されない ((233)).

(232)　[Bob$_i$ is hard [to convince t_i]].
　　　　　↑＿＿＿＿OSR＿＿＿＿｜
(233)　a.　*Bob$_i$ is hard [t_i to arrive].
　　　 b.　*Bob$_i$ is hard [t_i to please Mary].

OSR の分析は，tough 構文 (230) と仮主語構文 (231) の同義関係を捉えられるという利点があるが，双方の構文の間には派生関係が存在しないことを示す事実もある．第一に，補文述語に対する制限が，tough 構文と仮主語構文では異なる (Nanni 1978, 91)．状態述語は tough 構文の補文述語にはなれないが ((234))，仮主語構文には，その種の制限はない ((235))．

(234) a. *The money was tough for John to *lack*.
　　　 b. *That expensive dress was easy for Mary to *want*.
　　　 c. *The hardcover edition was hard for the teacher to *prefer*.
(235) a. It was tough for John to *lack* the money he needed.
　　　 b. It was easy for Mary to *want* expensive clothes.
　　　 c. It was hard for the teacher to *prefer* the hardcover edition.

第二に，tough 構文の主節主語は不定 (indefinite) であってはならないが ((236))，仮主語構文の目的語は不定であってもよい ((237))．

(236) a. * Someone interesting was a delight to talk to.
　　　 b. *{A man / Someone} would be easy to kill with a gun like that.
(237) a. It was a delight to talk to someone interesting.
　　　 b. It would be easy to kill {a man / someone} with a gun like that.　　　(Lasnik and Fiengo 1974, 544)

これらの相違は，tough 構文が仮主語構文から独立した構文であることを示している．また，OSR 自体に重大な問題がある．OSR によって移動された主語は，主節の屈折要素と補文動詞から二重に格が付与されるため，tough 構文には常に格の衝突 (Case Conflict) が生じることになる．

tough 構文に現れる形容詞類 (easy 類) は，主節主語位置に慣用句の一部が現れることを許さないことから ((238))，主節主語を外項に要求する主語コントロール述語の一種であることがわかる (Lasnik and Fiengo 1974, 541)．

(238) a. *Tabs were easy to keep on Mary.
b. *Advantage was easy to take of Bill.
c. *Heed is important to pay to such warnings.

すると，tough 構文に現れる「for NP」の for は，want 類の「for NP to VP」型補文の for と同じように，補文標識であると考えられるかもしれないが，「for NP」の名詞句は主節動詞から選択制限を受けるので ((239))，for は補文標識ではなく，前置詞であると考えなければならない．このことは，「for NP」が与格の PP と同じように前置可能であることからも理解できる ((240))．

(239) a. *The room was hard for there to be so many people in.
b. *The plan was easy for there to be a hitch in.
(Nanni 1978, 91–92)

(240) a. For Brando, the part was easy to learn.
b. For me, the back pack was tough to lift.
c. For the children, the problem was difficult to solve.
(Nanni 1978, 21)

(238) から (240) の事実は，easy 類は主節主語を外項に，「for NP」と「to VP」を内項に要求する，3 項述語であることを示している．したがって，tough 構文は概略，(241) の D 構造を持つことになる．

(241) [IP [NP Bob] is hard [PP for Mary] [PRO to convince]]

(241) の D 構造では，補文動詞の行為の主体である PRO が存在しなければならない．PRO は「for NP」が生じた場合，「for NP」を先行詞とするが，「for NP」が顕現しない場合，PRO は任意の指示対象 (anyone) を持つ．

さて (241) の補文動詞 convince は他動詞であるので，補文の目的語位置には内項が表出されなければならない．しかしその位置には語彙的要素が顕現することはないため（例: Bob is hard to convince (*him).），その位置を占める要素は空範疇でなければならない．この空範疇は，どのよ

うなものであろうか．Chomsky (1977) 以来，tough 構文の派生には，(242) に示すように，空演算子 (Null Operator: Op) が目的語の位置から CP の指定部へ移動していると考えられている．

(242) *[IP Bob is hard [PP for Mary] [CP Op_i [IP PRO to convince t_i]]]

tough 構文は wh 移動と平行した移動の特徴を示す．たとえば，tough 構文は等位構造制約 (coordinate structure constraint)((243a))，指定主語条件 (specified subject condition)((243b))，複合名詞句制約 ((243c)) に従い，また寄生空所 (parasitic gap: pg) を認可する ((243d))．

(243) a. *John is easy [Op_i to please Mary and t_i].
(cf. *Who_i did you like Mary and t_i?)
b. *Prime numbers are easy [Op_i to prove Euclid's theorems about t_i].
(cf. *Who_i did you see Mary's picture of t_i?)
c. *John is easy [Op_i to please a woman who likes t_i].
(cf. *Who_i did you see the woman who likes t_i?)
d. These letters are tough [Op_i to discard t_i without opening pg].
(cf. Which paper_i did you file t_i without reading pg?)

これらの wh 移動との類似性から，tough 構文には，(242) のように，空演算子の wh 移動が関与していることがうかがえる．

　tough 構文の派生に空演算子移動がかかわっているという仮説は正しいように思えるが，問題がないわけではない．第一に，wh 句は，that 節から移動できるが (例: Who do you think that John likes?)，tough 構文の空演算子は (244) のように，that 節からは移動できない (Nanni 1978, 111)．

(244) a. *The book was hard for me [Op_i to admit that she stole t_i].
b. *The meal was tough for us [Op_i to claim that we enjoyed t_i].

c. *The car is difficult for us [Op$_i$ to convince Harry that we needed t_i].

第二に，wh 句は名詞句の内部から移動できるが（(245)），tough 構文の空演算子はできない（(246)）．

(245) a. Who$_i$ did you see [pictures of t_i]?
b. Which author$_i$ did you read [books by t_i]?
(246) a. *John is fun [Op$_i$ to see pictures of t_i].
b. *The author is hard [Op$_i$ to read books by t_i].

(Nakamura 1991, 351)

Nakamura (1991) はこれらの問題を考慮して，tough 構文の派生に関与する不可視要素は，空演算子ではなく，空の照応形 (Null Anaphor) であると主張している（詳しくは Nakamura (1991) を参照）．いずれにせよ，tough 構文の派生に空演算子が関与しているとする分析については，今後さらに検討する必要がある．

3.5.3 Pretty 構文の諸特性

主観的評価を表す形容詞 (pretty, delicious, fragrant, melodious, beautiful, slippery, tasty) も，主節主語が不定詞の意味上の目的語である構文を許す ((247))．この構文を，河野 (1984) に従って pretty 構文と呼ぶことにする．

(247) a. Mary is pretty to look at (*her).
b. This music is melodious to listen to (*it).
c. This paper is terribly flimsy to write on (*it).
d. The air is {thin / frosty} to breathe (*it).

pretty 構文と tough 構文は，表面的には同じ構文のようにみえるが，両者には明確な相違が存在する．第一に，pretty 構文の補文動詞は，tough 構文のそれとは異なり，形容詞の語彙的意味から予測できるものに限られる ((248a) vs. (248b))．

(248) a. This book is difficult to {read / understand / sell / publish}.
　　　 b. This book is pretty to {look at / *please / *hit / *meet}.
　　　　　　　　　(Asakawa and Miyakoshi 1996, 138)

　第二に，tough 構文の不定詞節は，削除されると含意関係が失われるのに対して，pretty 構文は含意関係が保持される．たとえば，(249a) は (249b) を含意しないが，(250a) は(250b)を含意する．

(249) a. The bread was hard.
　　　 b. The bread was hard to bake.
(250) a. The food is delicious.
　　　 b. The food is delicious to eat.　　(安井ほか 1976, 244)

tough 構文の補文内容は，形容詞の意味から予測できないので，補文が削除されるとその内容を形容詞から復元することはできない．一方，pretty 構文の補文内容は，形容詞の意味から予測されるものに限られるので，補文が削除されてもその内容は形容詞から復元可能である．
　第三に，pretty 構文は tough 構文とは異なり，不定詞補文が多重に埋め込まれると容認されなくなる ((251a) vs. (251b))．この点は，(252) のようにイタリア語の tough 構文と類似している (Burzio 1986, 346)．

(251) a. John is easy to convince Bill to do business with.
　　　 b. *Mary is pretty to tell Bill to look at. (河野 1984, 109)
(252) a. Questo lavore è difficile da finire.
　　　　 This job is difficult to finish.
　　　 b. *Questo lavore è difficile da omporre a Maria di finire.
　　　　 *This job is difficult to force Maria to finish.

　このように pretty 構文は，意味的にも統語的にも tough 構文より強い制限を受ける，有標な構文である．このことは，ほとんどの子供が pretty 構文を tough 構文よりも遅れて習得するという，言語習得上の報告からも明らかである (Solan 1979)．

3.5.4 主語繰上げ形容詞

最後に，certain, likely, bound, sure などの形容詞が従える to 不定詞補文について検討する．これらの形容詞類は，主語に選択制限を課さないことから ((253), (254))，seem 類と同様に補文だけを項に要求する 1 項述語であると考えられる（以下，これらの形容詞を certain 類と呼ぶことにする）．

(253) a. There is {likely / certain} to be no trouble in Cuba.
　　　 b. There is apt to be cholera in Turkey.
　　　 c. There is bound to be a riot in Dacca.
(254) a. It is likely that John will win the race.
　　　 b. It is certain that John will resign from the position.

certain 類の不定詞補文は，seem 類と同様に真偽決定可能であるが ((255))，主節主語は主節動詞の項でないため，補文主語位置から主節主語位置へ繰り上がらなければならない ((256))．したがって certain 類の不定詞補文は，seem 類のそれと同様に，〈命題〉の例外的具現形 IP であると仮定する必要がある．

(255) a. There$_i$ is {likely / certain} [t_i to be no trouble in Cuba, which is true].
　　　 b. There$_i$ is apt [t_i to be cholera in Turkey, which is true].
　　　 c. There$_i$ is bound [t_i to be a riot in Dacca, which is true].
(256) [$_{IP}$ John$_i$ is likely [$_{IP}$ t_i to win the race]]
　　　　↑　　　SSR

また，certain 類の形容詞の多くは，補文内容の真実性に対する話者の確信の度合いを表すものであるが，この意味的な特徴づけは seem 類の場合と同様に，十分なものではない．このことは，たとえば，likely と同じ蓋然性を表す形容詞（probable, possible）が，繰上げ補文をとれないことから確認できる ((257))．

(257) a. It is {probable / possible} that John is invincible in argu-

ment.
　　　　　b. *John is {probable / possible} to be invincible in argument.

　certain 類は，このように seem 類と類似した特徴を示すが，内項の NP と CP が主語位置へ移動できる点（(258)）で，seem 類とは異なる（⇒ 3.2.6）．

(258)　a．The eruption of the volcano is (un)likely.
　　　 a′．That John proved the theorem is (un)likely.
　　　 b．The evidence for raising to subject is certain.
　　　 b′．That John wanted to be the President is certain.
　　　　　　　　　　　　　　　　　　　　　（稲田 1989, 42）

この点を考慮するならば，certain 類は，seem 類よりは上記 (78) で見た expected などの受動動詞と同じ類に含まれると考えられるであろう．

3.6　名詞が導く不定詞補文

　派生名詞は，その基体である動詞や形容詞の項構造の情報を継承することがある．たとえば，try 類や claim 類からの派生名詞は，基体の動詞と同じように「PRO to VP」の補文を従えられる．

(259)　a. his attempt to read *War and Peace*
　　　 b. his refusal to marry Mary
　　　 c. his failure to rent a car
　　　 d. his endeavor to swim across the river
(260)　a. John's claim to be a good scholar
　　　 b. John's pretence to be a fool

　しかし，主語繰上げ述語（seem 類や likely 類）の派生名詞は，基体の動詞や形容詞のようには，to 不定詞補文を従えることができない．

(261)　a. *John's {certainty / likelihood} to win the prize
　　　 b. *John's appearance to be sick

Chomsky (1970) 以来，広く受け入れられている語彙論的仮説（lexicalist hypothesis）によると，移動などの統語的操作が，語彙部門で直接生成される要素の派生に関与することは許されない．(261) の certainty などの派生名詞は語彙部門で生成されるので，SSR のような統語的操作が (261) の派生名詞の生成に関わるのは，語彙論的仮説に違反する．そのため，繰上げ述語の派生名詞は to 不定詞を従えることができないのである．逆に certainty などの派生名詞は，SSR のような統語的操作が関与しない that 節補文ならば，従えることができる（(262)).

(262) John's {certainty / likelihood} that Bill will leave

persuade 類の派生名詞は，(263) のように to 不定詞補文を従えることができるが，その場合，1番目の目的語が to によって格標示される (Pesetsky 1991, 251)．一方，believe 類および wager 類の派生名詞は，(264) のように不定詞補文を従えることができない (Postal 1974, 346)．

(263) a. Bill's advice to Sally to get out of town
b. Kennedy's challenge to NASA to put a man on the moon by 1970
c. God's commandment to the Jews to worship no idols
d. Sue's order to Harry to get out of the town
(264) a. *your {belief / proof} of Bob to be dishonest
b. *your {demonstration / admission} of Bob to be dishonest

前置詞 of は，内在格が具現したものである．通常，語彙主要部 X が Y に内在格を付与するためには，その主要部 X が Y を θ 付与しなければならない．これを「一様性の条件」(uniformity condition) という (Chomsky 1986a)．すると，(264a, b) の非文法性は，Bob が proof や demonstration によるのではなく，補文述語によって θ 付与されているので，内在格が付与されず，of 挿入が阻止されることによると考えられる．

最後に，want 類の派生名詞をみることにしよう．want 類の派生名詞は，(265) のように for 付き不定詞補文を従えることができる (Postal 1974, 347)．しかし believe 類と同じように，of 挿入が許されない．(266)

の非文法性は，(264) と同様に一様性の条件による．(266) の Bob は補文動詞から θ 付与されているので，内在格が付与されず，of 挿入が阻止される．

(265)　your {desire / intention / need / wish} for Bob to win
(266)　*your {desire / intention / need / wish} of Bob to win

なお，want 類や hope 類の派生名詞には，「PRO to VP」を選択できないものがある ((267))．これらの事実は，項構造の継承には意味選択の情報ばかりでなく，範疇選択の情報も必要であることを示している (*cf.* Ito 1991)．

(267)　a. *There is no hope left to find any survivors.
　　　　b. *The twins have a preference to get up early.
　　　　c. *I have no intention to marry her.
(Declerck 1991, 485)

このように，派生名詞が従える不定詞補文の形式は，基体である動詞や形容詞の項構造の性質によって決定され，また，派生名詞の内在的性質 (統語的操作の不介入，of 挿入の必要性) によって制限される．

第4章　小節補文，動名詞補文，分詞補文

4.1　Believe 類，Want 類の小節補文

3.3.4 で検討した believe 類，want 類は不定詞補文をとるが，次のように，不定詞標識の to を含まない補文を従えることがある．

(1) a. I believe [Mary intelligent].
    (cf. I believe [Mary to be intelligent].)
　　b. The DA proved [Jones guilty].
    (cf. The DA proved [Jones to be guilty].)
(2) a. I want [that sailor off my ship].
    (cf. I want [that sailor to be off my ship].)
　　b. I prefer [my coffee stronger than this].
    (cf. I prefer [my coffee to be stronger than this].)

(1)，(2)の補文は，いずれも不定詞補文とほぼ等価な意味内容を表しているが，I に位置する to と，主語と述語を繋ぎ合わせる連結詞（be 動詞）が欠けている．このような補文を，小節補文（small clause complement）という．

小節補文とそれに対応する不定詞補文には，多くの共通性がみられるが，小節補文が常に不定詞補文と同じ特徴を示すわけではない．以下，不定詞補文と対比しながら，小節補文の特徴とその構造について検討することにする．

believe 類の不定詞補文は，IP の構造を持ち，主語名詞句が主節動詞の

目的語の位置（Agr$_O$P指定部）へ移動していることをみた（⇒ 3.3.4）．これは，小節補文にもそのまま当てはまる特徴である．

　believe類の小節補文主語は，束縛原理Cの効果，否定対極表現の認可などの統語テストに関して，不定詞補文主語と同じ振る舞いを示す．

(3)　a.　?*John {believes / considers} him$_i$ honest even more fervently than Bob$_i$'s mother does.

　　　b.　?*John {believes / considers} him$_i$ to be honest even more fervently than Bob$_i$'s mother does.
　　　　(cf. John {believes / considers} that he$_i$ is honest even more fervently than Bob$_i$'s mother does.)

(4)　a.　?The DA proved none of the defendants guilty during any of the trials.

　　　b.　?The DA proved none of the defendants to be guilty during any of the trials.
　　　　(cf. ?*The DA proved that none of the defendants were guilty during any of the trials.)

(3a)の例は，小節補文主語が，主節動詞句の付加部内にある指示表現をc統御しうる位置にあることを示している．(4a)も同様に，小節補文主語が，主節動詞句を修飾する付加部内の否定対極表現を認可することから，それをc統御しうる位置，すなわち，不定詞補文主語と同じAgr$_O$P指定部に位置することを示している．

　また，believe類の不定詞補文主語が，受動化によって主節主語位置へ移動することができるのと同じように，小節補文主語も受動化の適用を受けることができる．

(5)　a.　Sue is considered intelligent by Mike.
　　　　(cf. Sue is considered to be intelligent by Mike.)
　　　b.　Jones is proved guilty by the DA.
　　　　(cf. Jones is proved to be guilty by the DA.)

受動化の本質が，動詞の格付与能力をなくすことにあるとすると，(5)の

例は，主節動詞が小節補文主語に対格を与えることを示している．

　これらの特徴は，いずれも不定詞補文に共通するものであり，したがって believe 類の小節補文は，不定詞補文の to be が音韻上欠落しただけのようにみえる．ところが，小節補文は，IP の構造を持つ不定詞補文とは次の点で異なる特徴を示す．

　不定詞補文の主語位置には，虚辞の there が生起しうるが ((6a))，小節補文には虚辞の there は生起できない ((6b)) (Williams 1984; Napoli 1988)．

(6)　a.　I consider [there to be no mistake in the text].
　　　b.　*I consider [there no mistake in the text].

また，不定詞補文内には，probably などの文副詞が現れることができるが ((7a))，小節補文内には現れない ((7b)) (Nakajima 1991, 40)．

(7)　a.　John considers [Mary probably to be scared of snakes] — certainly, she is scared of snakes.
　　　b.　?*John considers [Mary probably scared of snakes] — certainly, she is scared of snakes.

上記の特徴は，いずれも IP にかかわる特徴であり，したがって believe 類の小節補文は，構造上 I の投射の欠けた (8) の構造，すなわち，述部の投射をその補文構造に持つと考えることができる (Stowell 1981, 1983; Chomsky 1981)．

(8)　a.　I believe [$_{AP}$ Mary [$_{A'}$ [$_A$ intelligent]]].
　　　　 (cf. I believe [$_{IP}$ Mary to be intelligent].)
　　　b.　The DA proved [$_{AP}$ Jones [$_{A'}$ [$_A$ guilty]]].
　　　　 (cf. The DA proved [$_{IP}$ Jones to be guilty].)

このように考えることで，上で述べた小節補文と不定詞補文の異同を捉えることができる．小節補文主語は，D 構造では述部の投射内(この場合，形容詞句の指定部)に位置するが，その位置では格が保証されないため，

主節 AgroP 指定部へ移動しなければならない．したがって，小節補文の主語は，不定詞補文のそれと同様に，束縛原理 C の効果，否定対極表現の認可に関して，主節目的語の性質を示す．一方，不定詞補文とは異なり，小節補文は述部の投射であるため，その指定部には意味内容を持たない非項の there は生起できない．

また (7) の probably は，I の投射内に生起する文副詞である．文副詞は，次の例が示すように述部内に生じることはできない．

(9) a. *George has [$_{VP}$ been probably ruined by the tornado].
b. *George is [$_{VP}$ being probably trailed by the FBI].

したがって，(7) の対比は，文副詞を認可する I の投射の有無に帰することができる．

次に，want 類の小節補文についてみてみよう．want 類の不定詞補文は，CP の構造を持ち，不定詞主語は補文内で格が与えられることをみた (⇒ 3.3.4)．したがって，want 類の不定詞補文主語は believe 類のそれとは異なり，主節動詞の目的語の特徴を示さない．これは，want 類の小節補文にも成り立つ特徴である．

(10a) が示すように，小節補文主語の代名詞が，主節動詞句の付加部内の指示表現を先行詞にとりうることから，小節主語は補文内に位置すると言える．

(10) a. ?John wants [him$_i$ dead] even more fervently than Bob$_i$'s friend does.
b. ?John wants [him$_i$ to be dead] even more fervently than Bob$_i$'s friend does.

また，want 類の小節補文主語は，主節付加部の否定対極表現を認可することはできない．

(11) a. ??*I wanted [none of the applicants hired] after reading any of the reports.
b. ??*I wanted [none of the applicants to be hired] after read-

ing any of the reports.
(12) a. ??*I prefer [none of the applicants admitted] after reading any of the recommendations.
b. ??*I prefer [none of the applicants to be admitted] after reading any of the recommendations.

want 類の小節補文主語も，不定詞補文のそれと同じく，受動化の適用を受けない ((13))．したがって，want 類の小節補文主語名詞句は，補文内で格標示されることがわかる．

(13) a. *That sailor was wanted off my ship.
b. *Bill was wanted dead.
c. *The payment was preferred in dollars.

上記の事実はいずれも，want 類の小節補文主語が補文内に留まっていることを示している．3.3.4 では，want 類の不定詞補文主語が，上で述べたような特徴を示すことから，C に位置するゼロ補文標識が格を与えるとした．すると，小節補文も不定詞補文同様，CP の構造を持つのであろうか．すでに述べたように，want 類の動詞は「NP to VP」型の不定詞補文に加え，コントロール構造をその補文にとる．仮に，want 類の小節補文が不定詞補文とまったく同じ構造を持つとすると，コントロール構造の小節補文が存在してもよさそうだが，次の例が示すように，小節補文の主語位置に PRO は生起できない．

(14) a. *Bill wants [PRO dead].
b. Bill wants [PRO to be dead].
(15) a. *John prefers [PRO silent].
b. John prefers [PRO to be silent].

(14)，(15) の例は，小節補文の主語位置が，主節動詞によって統率される位置であることを示している．したがって，want 類の小節補文には，C の投射が欠けているとしなければならない．すると，問題の小節補文の主語には，不定詞補文のそれとは別の方法で格が付与されていることにな

る．すなわち，want 類の小節補文には，C の投射が欠如しているものの，主語名詞句に格を付与しうる機能範疇が存在すると考えられる．ここでは，その機能範疇を FP としておく．

(16) a. I want [$_{FP}$ that sailor$_i$ [$_{PP}$ t_i off my ship]].
　　 b. I prefer [$_{FP}$ my coffee$_i$ [$_{AP}$ t_i stronger than this]].

want 類の小節主語も，D 構造では述部の投射内に生成されるが，機能範疇の指定部へ移動し，その主要部によって格が与えられると考えるのである．したがって，want 類の小節補文主語は，不定詞補文の主語と同様に補文内に位置するものの，(16)に示したように，小節補文には C の投射が存在しないため，FP の指定部には PRO は生起できないと言うことができる．

さて，それでは，(16) の FP とはどのような性質を持つ機能範疇であろうか．もし (16) の FP が IP であるとすると，believe 類の小節補文とは異なり，want 類のそれには文副詞が生起しうることになる．ところが，want 類の小節内に文副詞は現れにくいようである(下記 (17))．しかし，want 類の動詞は主語の意志を表すことから，その補文内には，もともと probably のような蓋然性を表す文副詞は，現れにくいという事情があるのではないだろうか．

(17) a. ??*The captain wants [that sailor probably off the ship].
　　 b. ??*He prefers [his coffee probably stronger than this].

by noon などの時を表す副詞句であれば，小節補文内に生起することができる．

(18) a. I want [this man dead by noon].
　　 b. He wanted [the paper work completed by 5 p.m.].

by noon, by 5 p.m. などの副詞句を文副詞とみるならば，(16) の FP は IP と言うことができるかもしれないが，その場合，小節補文の I が指定部に格を与えるのに対して，不定詞補文のそれは格付与をしないという，

不自然な規定をしなければならなくなる．したがって，(16) の FP を IP であると結論づけるのは難しい．今のところ，(16) の FP が具体的にどのような機能範疇であるのか，それを同定する決定的な手がかりは見当たらないが，主語名詞句が補文内で格標示されることから，want 類の小節補文は，believe 類のそれとは異なり，述部の投射の上部に機能範疇を持つ 2 層構造であると考えられる．

4.2 動名詞補文

4.2.1 動名詞の基本的性質とそのタイプ

動名詞とは，名詞化接辞 -ing が動詞に付加した V-ing を含み，名詞的な分布を示す表現をいう．動名詞が補文として用いられるものに，(19a) のような，意味上の主語が所有格である所有格動名詞 (Poss-ing) 補文，(19b) のような，意味上の主語が対格である対格動名詞 (Acc-ing) 補文，(19c) のような，意味上の主語が PRO である PRO 動名詞補文の 3 つがある．

(19) a. We {imagined / remembered / resented} [his singing the sonata].
b. We {imagined / remembered / resented} [him singing the sonata].
c. We {imagined / remembered / resented} [PRO singing the sonata].

PRO 動名詞補文は，want 類の「PRO to VP」と「NP to VP」の関係と同じように，対格動名詞補文の下位タイプである．

動名詞補文は，意味解釈の点で不定詞補文とは異なる．不定詞補文は，補文が表す行為や出来事が実現されていないことを表すのに対して (⇒ 3.1.1)，動名詞補文は，補文が表す行為や出来事が実際に遂行されたこと，すなわち〈事実〉を表している．たとえば，(20a) の不定詞補文では，子供たちが口論を実際にしたかどうかは不確定のままであるが，(20b) の動名詞補文では，子供たちが実際に口論をしたことを含意する．

(20) a. I hate the children to quarrel.
  b. I hate the children quarreling.

(Quirk et al. 1985, 1195)

動名詞は〈事実〉を表すため，それを補文にとる動詞の多くは，(21) のような叙実述語であり (Quirk et al. 1985, 1190)，非叙実述語の多くは動名詞補文をとることができない ((22a, b) は Kiparsky and Kiparsky (1970, 146) による).

(21) can't bear, begrudge, detest, dislike, dread, envisage, don't fancy, forget, hate, imagine, like, loathe, don't mind, miss, regret, relish, remember, etc.
(22) a. *Everyone supposed Joan's being completely drunk.
  b. *I maintain your saying so.
  c. *I believe you being completely drunk.
  d. *We claim you leaving so early.

以下，所有格動名詞補文と対格動名詞補文を取り上げて，それらの内部構造がそれぞれいかなるものであるかをみてみる．

4.2.2 所有格動名詞の内部構造

動名詞には，所有格動名詞と対格動名詞以外に，(23) のように，V-ing の直後に前置詞 of が挿入される of 動名詞 (of-ing) がある．

(23) a. John's performing of the song
  b. John's reading of *War and Peace*

of 動名詞と所有格動名詞は，of を除けばよく似ているが，両者には明確な意味的相違がある．of 動名詞は，the destruction of the city のような行為名詞と同様に，〈出来事〉を表しているのに対して (⇒ 3.2.5)，所有格動名詞は〈事実〉を表す．of 動名詞は，be sudden や be slow などの述語の主語になれるが ((24a))，所有格動名詞はなれない ((24b))．これ

は，be sudden や be slow が主語に〈出来事〉を要求する述語だからである．

(24) a. John's performing of the song was {slow / sudden}.
    b. *John's performing the song was {slow / sudden}.
       (*cf.* *The fact that John performed the song was {slow / sudden}.)   (Zucchi 1993, 21–22)

of 動名詞と所有格動名詞は，既述のように異なる意味特性を持つが，それらは統語的にも異なる振る舞いをする (Chomsky 1970)．of 動名詞の V-ing は，その直後に of が挿入されることから，名詞であることがわかる．英語では，of が挿入されるのは [+N] の範疇素性を持つ範疇 (形容詞，名詞) に限られるので，of 動名詞の主要部 V-ing は動詞のようにみえるが，全体として [+N] の素性を持つ名詞である．一方，所有格動名詞の V-ing は，of の挿入なしで目的語に対格を付与するので，[–N] の素性を持つ動詞である．of 動名詞と所有格動名詞を上述のように区別するのは，of 動名詞が名詞と同じ内的制限を受けるのに対して，所有格動名詞が動詞と同じ内的制限を受けるからである．

第一に，of 動名詞の V-ing は名詞であるため，冠詞や形容詞によって修飾されなくてはならないが (25a–c)，所有格動名詞の V-ing は動詞であるため，冠詞や形容詞ではなく，副詞によって修飾されなくてはならない ((26a–c))．

(25) a. the reading of the novel
    b. his {intensive / rapid} reading of the novel
    c. *the {intensively / rapidly} reading of the novel
(26) a. *the reading the novel
    b. *his {intensive / rapid} reading the novel
    c. his reading the novel {intensively / rapidly}

また，of 動名詞の V-ing は名詞であるので，助動詞の have や否定辞の not と共起できないが ((27a–b))，所有格動名詞の V-ing は動詞であ

るため，have や not と共起できる（(28b)）．

(27) a. *his *having* read of the book
b. *his *not* reading of the book
(28) a. his *having* read the book
b. his *not* reading the book

したがって，of 動名詞は，名詞を主要部とする名詞句の構造（29a）を持つのに対して，所有格動名詞は，動詞を主要部とする VP の構造（29b）を持つと結論づけられる．

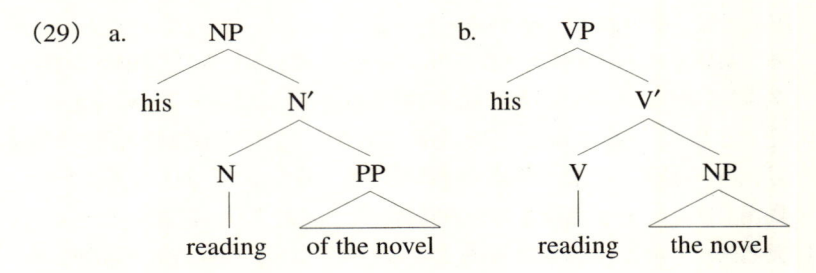

(29) a.
```
        NP
       /  \
     his   N'
          /  \
         N    PP
         |    
      reading of the novel
```
b.
```
        VP
       /  \
     his   V'
          /  \
         V    NP
         |    
      reading the novel
```

たしかに，所有格動名詞は動詞と同じ内的制限を示すことから，その範疇は VP であると想定できる．しかし，動名詞が担う〈事実〉の CSR が NP と CP であるとすると，所有格動名詞の範疇が VP であることは，〈事実〉の CSR と合致しないということになる．興味深いことに，所有格動名詞は，名詞句と同様に，前置詞の補部位置を占めることができる（Abney 1987, 172）．

(30) a. I learned about John's weakness for stogies.
b. I learned about John's smoking stogies.
c. *I learned about that John smokes stogies.
d. *I learned about for John to smoke stogies.
e. *I learned about against smoking stogies.

(30a) と (30b) の平行性は，所有格動名詞が [−N] の素性のほかに，[+N] の素性を持っていることを示している．この事実に基づくと，所有格動名

詞は，[+N] の名詞化接辞 -ing を主要部とする名詞句が，[−N] の動詞を主要部とする VP を覆うような，(31) の構造を持つと考えることができる（Abney 1987）．

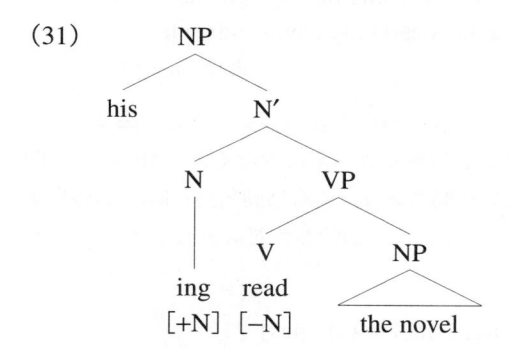

(31)
```
        NP
       /  \
     his   N'
          /  \
         N    VP
         |   /  \
        ing  V   NP
       [+N] read  |
            [−N] the novel
```

4.2.3 対格動名詞の内部構造

4.2.2 では，所有格動名詞は NP が VP を覆う構造を持つとした．所有格動名詞と同じ動詞的特性は，(32) のように対格動名詞にも観察される．しかし，対格動名詞が VP の構造を持つわけではない．なぜなら，対格動名詞はいくつかの点で所有格動名詞とは異なる振る舞いをするからである．

(32) a. I hate [him reading the novel {intensively / rapidly}].
　　 b. I hate [him having read the novel].
　　 c. I resent [him not reading the novel].

第一に，対格動名詞の主語位置には，虚辞の there が生じることができるが ((33))，所有格動名詞の主語位置には生じることができない ((34))．

(33) a. You may count upon there being a lot of trouble tonight.
　　 b. I resent there being no more beer.
　　　　　　　　　　　　　　　　　　（Reuland 1983, 109）

(34) a. *You may count upon there's being a lot of trouble tonight.
　　 b. *I resent there's being no more beer.

第二に，対格動名詞には，certainly のような文副詞が現れるが（(35a)），所有格動名詞には現れない（(35b)）.

(35) a. I remember John certainly having agreed.
b. ?*I remember John's certainly having agreed.
(Nakajima 1991, 42)

虚辞の there や文副詞は，I の投射内に現れる要素である（⇒ 4.1）．したがって，(35a) は，対格動名詞がその内部に少なくとも IP を含んでいることを示している．また対格動名詞は，所有格動名詞と同様に前置詞の補部位置を占めることから（(36)），名詞的な性質も兼ね備えていると言える．

(36) I learned about [John smoking stogies].
(Abney 1987, 172)

すると，対格動名詞も，-ing を主要部とする名詞句によって覆われる，(37) の構造を持つのであろうか．しかしこの構造を仮定すると，(38) のように this などの指示代名詞が名詞句の指定部を占め，対格動名詞を修飾する可能性を許してしまう．

(37) [NP e N [IP him -ing [VP come so often]]]
(38) *[NP this / that N [IP him I [VP coming so often]]]

また (37) の構造では，対格動名詞は所有格動名詞とは異なり，動詞と不変化詞の間に現れないという事実を捉えられない（(39a, b) vs. (39c, d)）．

(39) a. They put their studying off.
b. He gave his smoking up.
c. *They put them studying off.
d. *He gave him smoking up.　　(Johnson 1991, 599)

動詞と不変化詞の間に生起する要素というのは，(40) が示すように，格が付与される名詞句に限られる．したがって (36) の文法性だけから，対

格動名詞が所有格動名詞と同じように名詞句であると結論づけることはできない．

(40)　a.　*Mikey teamed [PP with the women] up.
　　　b.　*Mickey pointed [CP that Gary had left] out.
　　　　　　　　　　　　　　　　　　　（Johnson 1991, 594）

　それでは，対格動名詞はどのような範疇であろうか．前節でみたように，〈事実〉の CSR が NP と CP であるとすると，対格動名詞の範疇の可能性として，CP が残る (Reuland 1983)．対格動名詞は 2.4.5 でみた whether 節と同じ分布制限を持つ．対格動名詞と同様に，whether 節は前置詞の補部位置に現れるが ((41))，動詞と不変化詞の間には現れない ((42))．

(41)　We talked about [CP whether John is vindictive].
(42)　a.　We found out [CP whether John is vindictive].
　　　b.　*We found [CP whether John is vindictive] out.

したがって，対格動名詞は whether 節と同様に，名詞性を帯びた CP 節であると言えるだろう ((43))．すると，(38) の非文法性は，*this whether John came のように，指示代名詞が CP の指定部を占められないことによると考えられる．

(43)　V [CP -ing [IP him Infl [VP come so often]]]
　　　　[+N]

4.2.4　対格動名詞補文の主語と格付与

　対格動名詞補文の範疇が CP であるならば，補文主語はどのように対格が付与されるのであろうか．この問いに対しては，補文主語が ECM 主語と同じように，主節動詞から格付与されると考える立場 (Johnson 1988b) と，補文主語が補文内部で名詞化接辞 -ing から格付与されると考える立場の，2 つがある (Reuland 1983; Rizzi 1990; Matsuoka 1994)．ところが前者の立場では，対格動名詞補文の範疇を IP としなければならない．

すると，対格動名詞の補文主語は主節動詞と隣接していなければならないが，(44) が示すようにその必要はない．また補文全体が受動化されることからも ((45))，主節動詞が補文主語へ格を与えているとは考えにくい．

(44) a. They resented very strongly [it being too late to buy more].
b. We all resented very strongly [Sally behaving like an autocrat].　　　　　　　　　　　　　　(Postal 1974, 142)
(45) [Greenland being admitted to the UN] is favored by many people.
(McCawley 1988, 130)

対格動名詞補文の主語は，補文内部で格付与されると考えるほうが適切であろう．このように考える根拠として，補文主語が受動化によって主節主語になれないという事実をあげることができる．

(46) a. *It was resented happening to Bob.
b. *That was favored being done immediately.

(46) の非文法性は，問題の補文主語が補文内部で格付与されていると想定するならば，最終手段の原理 (Last Resort Principle) によって説明される．最終手段の原理は，移動は何らかの要因によって必要とされる場合にだけ適用されることを要求する (Chomsky 1986a, 1993)．補文主語は，格を -ing から付与された時点で格フィルターを満たしているので，さらに格をもらうためにわざわざ主節に移動すると，不必要な移動を生じることになり，最終手段の原理に違反する．

対格動名詞補文の主語が補文内で格付与されるならば，want 類の補文主語と同様に，補文内部に留まることになる．(47a) が示すように，対格動名詞補文の主語位置を占める代名詞 (him) は，主節を修飾する付加部内の指示表現 (Bob) と同一指示になりうる．

(47) a. Mary recalls [him$_i$ having been a genius] even more fervently than Bob$_i$'s mother does.
b. Mary recalls [that he$_i$ was a genius] even more fervently

than Bob$_i$'s mother does.　　　(Matsuoka 1994, 129)

このことは，補文主語 him がその先行詞 Bob を c 統御できない位置，すなわち補文主語位置に留まっていることを示している．仮に補文主語 him が主節へ繰り上がっているならば，him は Bob を c 統御し，束縛原理 C に違反するはずである．

　また Postal (1974, 148) によると，対格動名詞補文の主語に後続する recently のような副詞は，believe 類の不定詞補文の場合と異なり，主節を修飾することはできない (⇒ 3.3.4)．

(48)　*I resented [it *recently* happening to me].
　　　(*cf.* I have found Bob *recently* to be morose.)

この事実は，対格動名詞補文の主語が believe 類の対格主語とは異なり，補文内に留まっていることを示唆している．もし (48) の it が主節へ移動しているならば，it に後続する recently は believe 類の不定詞補文の場合と同じように，主節を修飾することができるはずである．

4.3　分詞補文

　英語の分詞には，現在分詞 (present participle) と過去分詞 (past participle) の 2 つがある．この名称は，分類上のレッテルにすぎない．というのは，かならずしも現在分詞が現在時制を，過去分詞が過去時制を表すわけではないからである．この点を考慮して，ここでは Quirk et al. (1985) に従って，前者を -ing 分詞，後者を -ed 分詞と呼ぶことにする．-ing 分詞を含む補文を -ing 分詞補文といい ((49))，-ed 分詞を含む補文を -ed 分詞補文という ((50))．

(49)　a.　John saw Mary crossing the street.
　　　b.　I heard Mary crying out.
(50)　a.　She {got / had} the watch repaired by John.
　　　b.　She must have {heard / seen} the car stolen by John.

　英語の -ed 分詞には，John is kissed by Mary. の文における kissed の

ように，受動の意味を表すものと，John has kissed Mary. の文における kissed のように，完了した結果状態の意味を表すものの2つがある．(50a, b) の補文に現れる -ed 分詞は，by 句の存在から明らかなように，受動の意味を表している．一方 (49) の -ing 分詞補文は，その補文事態が進行中であること，すなわち進行相を表している．そのため補文には，進行相を表せない状態動詞は生起できない ((51))．

(51)　a. *John saw Mary resembling her mother.
　　　b. *I saw John owing a house.
　　　c. *I watched John knowing the answer.

　-ing 分詞補文を導く動詞のほとんどは，feel, hear, notice, observe, perceive, see, smell, watch, catch, find などの知覚動詞であるが (Quirk et al. 1985, 1206–1207)，have や get のような使役の意味を表す動詞もある(例: She {had / got} us working day after day.)．なお，-ing 分詞補文には主語が明示される型のほかに，主語が明示されない型もある ((52))．この型を従える動詞の多くは，start, begin, continue, cease のような相動詞であり，この補文も進行相を表す ((53))．

(52)　a.　John began writing the novel.
　　　b.　John started crossing the street.
(53)　a.　*Mary {began / started / stopped} being tall.
　　　b.　*John {continued / kept} knowing the answer.

以下，知覚動詞の -ing 分詞補文と -ed 分詞補文の特性を概観し，各々の補文の内部構造について検討する．

4.3.1　知覚動詞の -ing 分詞補文の内部構造

　知覚動詞の従える「NP V-ing ...」の連鎖は，範疇が VP である知覚裸不定詞補文と等位接続することができる (Declerck 1982, 3)．

(54)　Tom heard [a door open] and [someone approaching].

等位接続される要素は，互いに同じ範疇でなければならないとすると（⇒ 3.2.3），(54) の事実は，「NP V-ing...」の範疇が知覚裸不定詞補文のそれと同様に，VP であることを示している．また，(55) のように，虚辞の there が知覚 -ing 補文の主語位置に生じないことからも，補文には I の投射がないように思われる．

(55) a. *We saw there arriving three girls.
b. *I heard there entering three men.
c. *Jane felt there emerging several bumps.

ところが「NP V-ing...」の連鎖は，(56a, b) のように，名詞句が典型的に生じる分裂文の焦点位置や，tough 構文の主語位置に生起できる (Akmajian 1977, 430)．すると，知覚 -ing 補文は所有格動名詞のように，名詞句であるとも考えられる．

(56) a. It was [the moon rising over the mountain] that we saw.
b. [The moon rising over the mountain] was a breathtaking sight to see.

それでは，なぜ知覚動詞の「NP V-ing...」の連鎖は，VP と NP の二面性を示すのであろうか．

知覚動詞が従える「NP V-ing...」の連鎖は，V-ing に先行する名詞句が普通名詞 (common noun) である場合に，3 通りに解釈することができる (Declerck 1982; Quirk et al. 1985, 1126; Felser 1999)．たとえば，(57) の文は (58) の 3 つの解釈を許す．

(57) We saw the moon rising over the mountain.
(58) a. I saw the moon which was rising over the mountain.
b. I saw the moon as it was rising over the mountain.
c. I saw the event of the moon's rising over the mountain.

それぞれの解釈によって，「NP V-ing...」の内部構造が異なる．(58a) の読みの場合，「V-ing...」は知覚動詞直後の名詞句を修飾する，縮約関係節 (reduced relative clause) として機能している ((59a))．(58b) の

読みでは,「V-ing...」が主節の VP を修飾する付加詞の働きをする ((59b)).(58c) の読みの場合は,「NP」と「V-ing...」が主述関係をなす単一の節を形成している ((59c)).

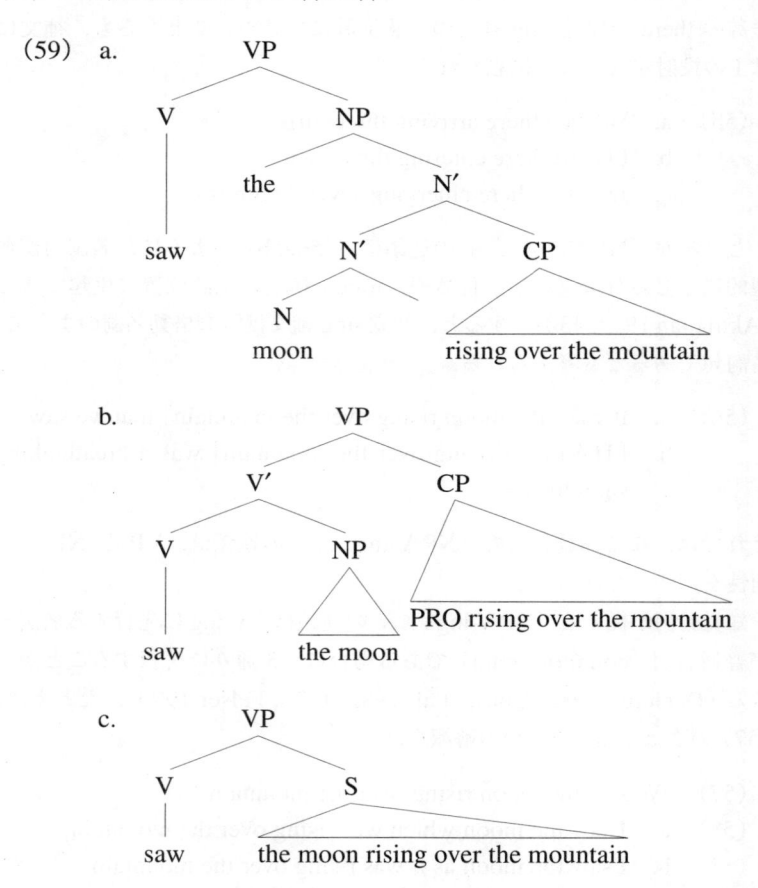

(59) a.
```
         VP
        /  \
       V    NP
       |   /  \
      saw the  N'
              /  \
             N'   CP
             |    |
             N   rising over the mountain
             |
            moon
```

b.
```
         VP
        /  \
       V'   CP
      / \    |
     V   NP  PRO rising over the mountain
     |   |
    saw the moon
```

c.
```
         VP
        /  \
       V    S
       |    |
      saw  the moon rising over the mountain
```

したがって,知覚動詞が導く「NP V-ing...」が名詞句として振る舞うのは,縮約関係節の構造 (59a) を反映するためであり,またそれが VP として振る舞うのは,節の構造 (59c) を反映するためであると推測される.このように考えるのが正しいかどうかは,「NP V-ing...」の連鎖に曖昧

性がない場合に，各々の解釈が各々の構造を反映しているかどうかをみることによって確認できる．

次の例文の解釈を考えてみよう．(60a–c) は縮約関係節の読み，(61a, b) は付加詞の読み，(62a, b) は節の読みしか持たない (Felser 1999, 65–71)．

(60) a. We saw three books containing long bibliographies.
b. We saw their houses consisting of paper.
c. We heard the man living next-door.
(61) a. We saw a lot of poverty travelling through Africa.
b. We often watched television sitting in Bill's armchair.
(62) a. We saw it raining.
b. We saw something dangerous approaching.

(60a–c) に縮約関係節の読みしかないことは，「V-ing...」の直前に，固有名詞や代名詞が生起できないことからもわかる．

(63) a. ?*We saw *them* containing long bibliographies.
b. ?*We heard *John* living next-door.　　(Felser 1999, 66)

通常，*{John / him} who lives next door のように，制限的関係節は固有名詞や代名詞を先行詞にとれないことから，(63) の非文法性は，「V-ing...」が (59a) のように関係節であることを裏づける．

また (61a, b) に付加詞の読みしかないことは，「V-ing...」の存在が任意であることからも確認できる．

(64) a. We saw a lot of poverty (travelling through Africa).
b. We often watched television (sitting in Bill's armchair).

付加詞は John watched television (while sitting in Bill's armchair). のように，義務的な要素ではないので，(64) の事実は，「V-ing...」が (59b) のように付加詞であることを示している．

次に，(62a, b) に節の読みしかないことを示す例をみてみよう (Felser 1999, 72)．縮約関係節および付加詞の読みの場合，(65) と (66) が示すように，「V-ing...」からの wh 移動が阻まれる．(65) の非文法性は，

(59a) のように「NP」と「V-ing...」が複合名詞句を形成しているため複合名詞句制約によって，(66) の非文法性は，「V-ing...」が (59b) のように付加詞であるため付加詞条件によって，それぞれ捉えることができる．一方，節の読みの場合は，(67) のように「V-ing...」から wh 移動が可能である．これは，「V-ing...」が (59c) のように主節動詞の補部位置を占めていることによる．

(65) *Which bibliography$_i$ did you see [three books containing t_i]?
(cf. *Which bibliography$_i$ did you see three books which were containing t_i?)
(66) *Which country$_i$ did you see Bill [travelling through t_i]?
(cf. *Which country$_i$ did you see a lot of poverty while travelling through t_i?)
(67) Where$_i$ did you see [it raining t_i]?
(cf. Who$_i$ do you consider Mary pround of t_i?)

以上，「NP V-ing...」の3つの解釈がそれぞれ異なる構造に由来することをみた．

さて，上で述べた問題に話を戻そう．知覚動詞が導く「NP V-ing...」の連鎖は，なぜ NP と VP の二面性を示すのであろうか．縮約関係節の読みの「NP V-ing...」は，分裂文の焦点位置や tough 構文の主語位置を占めることができるが ((68))，節の読みの「NP V-ing...」は占めることができない ((69))．

(68) a. It was [three books containing long bibliographies] that we saw.
b. [Houses consisting of paper] are a rare thing to see.
(Felser 1999, 66)
(69) a. *It was [it raining] that we saw.
b. *[Something dangerous approaching] was scary to feel.

上記の対比から，(56a, b) の the moon rising over the mountain が名詞句的に振る舞うのは，それが縮約関係節の構造を反映していることによる

と言えるだろう．したがって，(56a, b) は，「NP V-ing...」を VP とすることの反例にはならない．この点は，縮約関係節の読みの「NP V-ing...」は名詞句と等位接続が可能であるが ((70a))，節の読みの「NP V-ing...」は等位接続が可能でないこと ((70b, c)) からもうかがえる (Felser 1999, 67)．

(70) a. We saw [three books containing long bibliography each] and [two video tapes].
b. ??We watched [it raining] and [the drifting clouds].
c. ??I felt [Mary's touch] and [John hitting me with a rock].

「NP V-ing...」の連鎖が真に直接知覚を表すのは，(59c) のように「NP」と「V-ing...」が主述関係をなしている場合のみである．その場合に限って，「NP V-ing...」の連鎖は裸不定詞補文と同じ VP の構造を持つのである．

知覚 -ing 補文の範疇が VP だとすると，補文主語は主節動詞から格が付与されるはずである．このことは，(71) のように格の隣接性の効果がみられることから正しいように思われるが，すると，なぜ補文主語が受動化によって主節主語になれないのか，という問題 ((72)) が残る ((72) は Felser (1999, 70) による)．

(71) a. *We saw very clearly him wining the race.
b. *We saw very clearly it raining outside.
(72) a. *Mary$_i$ was felt [t_i hitting me with a stone].
b. *It$_i$ was seen [t_i raining].

これは，直接知覚を表す裸不定詞補文の主語と同じ特徴である（⇒ 3.4.1）．この点を考慮すると，直接知覚補文の主語が受動化によって主節主語になれないのは，格付与というよりも，Bennis and Hoekstra (1989) が主張するように，裸不定詞には時制が欠如しているということと関係があると思われる (cf. Felser 1998, 1999)．

4.3.2 知覚動詞の -ed 分詞補文の内部構造

最後に，知覚動詞が従える (73) のような「NP V-ed...」の連鎖が，いかなる内部構造を持つのかを考えてみよう。「NP V-ed...」の連鎖は，(74) のような裸不定詞補文の動詞が受動化した結果，派生したと考えられるかもしれない。

(73) a. I saw a car wrecked.
  b. I heard a song sung.
  c. I felt my foot kicked.
(74) a. I saw the police wreck a car.
  b. I heard someone sing a song.
  c. I felt someone kick my foot.

しかし，「NP V-ed...」は，(75) が示すように，V-ed に先行する名詞句が主節動詞から選択制限を受けるという点で，裸不定詞補文とは異なる (⇒ 3.4.2)。

(75) a．I heard Mary prepare breakfast.
  a′．*I heard breakfast prepared (by Mary).
  b．I watched Emma strike an imaginary attacker.
  b′．*I watched an imaginary attacker struck (by Emma).
  c．I saw him turn up the volume.
  c′．*I saw the volume turned up (by him).
           (Felser 1999, 28)

また，Neale (1988, 29) によると，「NP V-ed...」の NP は主語の直接知覚の対象でなければならないが，裸不定詞補文の NP はその必要はない (⇒ 3.4.1)。(76a) では，Kennedy 自身が主語 Jackie の知覚対象であるが，(76b) では，Oswald による Kennedy の銃殺という出来事が主語 Jackie の知覚対象であり，Oswald 自身ではない。

(76) a. Jackie saw Kennedy shot by Oswald.
  b. Jackie saw Oswald shoot Kennedy.

(75) と (76) の事実は，「NP V-ed ...」の NP が主節動詞の項であることを示している．すると，「NP V-ed ...」の可能な構造として，(77a) のような目的語コントロールの構造と，(77b) のような縮約関係節の構造の2つが考えられる．

(77)　a.　Jackie saw Kennedy [$_{VP}$ PRO shot by Oswald].
　　　b.　Jackie saw [$_{NP}$ Kennedy [$_{VP}$ PRO shot by Oswald]].

しかし縮約関係節は，4.2.2 で述べたように固有名詞を先行詞にとれないし，また Who did Jackie see shot by Oswald? のように，知覚動詞直後の名詞句が wh 移動によって移動できることから，「NP V-ed ...」の連鎖が (77b) の構造を持つとは考えにくい．

第5章 仮定法節

5.1 仮定法節の基本特徴

　文の表す命題は，話し手がそれを事実として捉えているのか，あるいは想像上の事柄として捉えているのかによって，形式上区別される．話し手がある命題を事実として述べようとする場合には，直説法 (indicative mood) が用いられ，文中の動詞は，時制・人称に応じて変化する．一方，命題が話し手の仮定，願望，想像などを表す場合には，仮定法 (subjunctive mood) が用いられ，動詞の形態は，時制・人称にかかわらず，過去形 (仮定法過去 (past subjunctive)) あるいは現在形 (仮定法現在 (present subjunctive)) となる．仮定法の動詞を持つ文には，(1) のような条件を表す副詞節として現れるものと，(2)–(4) のように that 節補文に現れるものがある．

(1) a. If she were / was here, she would speak on my behalf.
　　b. If it rained, the match would be canceled.
(2) a. The committee proposed that John be elected as chairman.
　　b. They demanded that the committee reconsider its decision.
(3) a. It is important that you be more punctual.
　　b. It is appropriate that this tax be abolished.
(4) a. We are faced with the demand that this tax be abolished.
　　b. The commission made a decision that the school remain closed.

本章では，(2)–(4) の仮定法現在の動詞の現れる that 節補文 (以下，便宜

的にこれを仮定法節と呼ぶことにする)の諸特徴と,その内部構造について検討する.

動詞が仮定法現在の形態を持つ that 節は,仮想的な出来事を表すため,それを補文にとる述語は,補文に仮想上の出来事を許容するものでなければならない.(2)-(4) の述語は,「願望」,「義務」,「命令」といった意味を持っており,未だ実現していない出来事が実現することを求めていると言うことができる.仮定法節は that 節として現れることから,仮定法節を選択しうる述語は,that 節をとるものでなければならないのは言をまたないが,直説法の that 節をとる述語のすべてが,仮定法節をとるわけではない.たとえば,補文の命題内容が真であるという前提を持つ (5) のような叙実述語や,補文の命題内容を断定的に述べる (6) のような断定的述語は,仮定法節を補文にとることはできない.

(5) a. *I know that John be on time.
     (*cf.* I know that John was on time.)
   b. *It is strange that the information be kept secret.
     (*cf.* It is strange that the information must be kept secret.)
(6) a. *They think that John be more punctual.
     (*cf.* They think that John should be more punctual.)
   b. *He believes that the inspector examine each part carefully.
     (*cf.* He believes that the inspector should examine each part carefully.)

これは,補文に叙実的前提を要求する叙実述語や,命題内容を事実として断定的に述べる断定的述語が,仮想上の出来事を表す仮定法節とは意味的に相容れないからである.

(7),(8) のように,insist や suggest は,その補文に直説法節,仮定法節のどちらもとることができるが,そのさい,動詞の意味が異なることに注意されたい.

(7) a. I insisted that he *changed* his clothes.　(直説法)
    b. I insisted that he *change* his clothes.　(仮定法)

(8) a. She suggested that I *am* responsible.　　（直説法）
　　 b. She suggested that I *be* responsible.　　（仮定法）

直説法節を補文にとる (7a), (8a) の主節動詞は，それぞれ「言い張った」(asserted),「それとなく言った」(said tentatively) という意味であるのに対して，(7b), (8b) では，「要求した」(required),「提案した」(recommended) という意味で使われており，that 節の内容を事実として断定的に述べているのではないことがわかる．

仮定法節を補文にとることのできる述語には，「願望」,「義務」,「命令」,「仮定」などを表す次のような動詞，形容詞，名詞がある（より詳しいリストに関しては，Chiba (1987) を参照).

(9) 仮定法節をとることのできる動詞: advise, ask, demand, forbid, insist, order, propose, request, suggest, urge, etc.
(10) 仮定法節をとることのできる形容詞: advisable, compulsory, desirable, essential, imperative, important, mandatory, necessary, obligatory, preferable, etc.
(11) 仮定法節をとることのできる名詞: advice, claim, conclusion, demand, hypothesis, importance, necessity, proposal, request, suggestion, etc.

仮定法節と相容れない叙実述語や断定的述語の補文は，〈命題〉を担っている．一方，仮定法節は未だ実現していない出来事を表しており，話者はその内容の真偽を判断することはできない．したがって，仮定法節の担うθ役は〈命題〉ではなく，〈非現実〉であると考えられる (Pesetsky 1982; Chiba 1991; Givón 1994)．

仮定法節とそれを補文に従える述語には，選択関係がみられることから，仮定法節は，句構造上述語の補部に位置する補文である．Chiba (1987, 38) は，仮定法節が埋め込み構造を持つとき，その補文構造には「深さ制限」(depth constraint) があるとして，次の例を指摘している．

(12) a. We recommended that the reader try doing these problems before he {*proceed / proceeds} further.

b. It is required that one family move out of their apartment before the next family {*move / moves} in.

　(12) は，仮定法節が複文構造を持つ場合，仮定法節は従属節の中で最上位に位置しなければならないことを示している．これは，とりもなおさず，仮定法節が述語の補部になければならないこと，すなわち，純然たる補文として機能していることを示している．

　補文に仮定法節をとれるか否かは，述語の意味特性によって決定されると考えられる．しかし，Chiba (1987, 1991) は，(13) のような例をあげて，仮定法節を許すか否かという選択制限に関する情報が，述語に「局地化」できない場合があることを指摘している．

　(13)　We add to this requirement that the selection procedure be psychologically plausible.
　(14)　a. *We add that the selection procedure be psychologically plausible.
　　　　b. *We add to this fact that the selection procedure be psychologically plausible.　　　　　(Chiba 1991, 27)

　(14) が示すように，add は単独では仮定法節をとることができないが，仮定法節を補文にとりうる名詞 requirement が VP 内に存在することで，仮定法節を補文にとることができるようになる．((13) の仮定法節は，統語上，主節の動詞 add の補文であることに注意されたい．) ここでは，add に関する語彙記載項目には，仮定法節を補文にとりうるか否かに関する情報は無指定で，requirement の持つ意味特性が述語と一体となって，仮定法節を補文にとることができるようになると考えておくことにする (詳しくは Chiba (1987, 1991) を参照)．

　仮定法節は，補文標識 that によって導かれ，この点では，第2章で扱った定形補文の that 節に表面上類似してみえるが，that 節とは異なる特徴を備えている．まず，定形補文の that 節は，それが動詞や形容詞の補部にある場合，that を省略することができるが，仮定法節の that は，通常省略できない．(仮定法節の that の省略を容認する話者もいるようである

が (Chomsky and Lasnik 1977; Chiba 1987)，その場合，どのような動詞で that の省略が許されるのかなど，不明な点が多い．)

(15) a. They recommended *(that) this tax be abolished.
    b. He insisted *(that) the committee reconsider its decision.
    c. It is required *(that) U.S. nonresidents file Form 8843 by June 15.
    d. It is necessary *(that) you report it to the office.

直説法節を補文にとる断定的述語は，挿入句として用いることができるが，補文に仮定法節をとる述語は，挿入句として用いることはできない (Chiba 1987)．

(16) a. It's just started to rain, he said.
    b. Acupuncture really works, I suppose.
(17) a. *The tax be abolished, they recommended.
    b. *The committee reconsider its decision, they demanded.

断定的述語が補文をとる場合，意味的重点は補文に置かれており，主文を統語上挿入句に格下げしても，情報構造上さほど影響はない．このように，挿入句として用いることのできる述語は，補文の命題を断定する断定的述語でなければならない．仮定法節は非現実的出来事を表しており，真理値を持ちえない．したがって，仮定法節をとる述語が補文を断定することはなく，そのため (17) は許されない．

定形節補文と仮定法節を区別する現象に，法助動詞の生起可能性をあげることができる．仮定法節には，should 以外の法助動詞は現れない．(ただしアメリカ英語では，should のない仮定法現在を用いるのが一般的である．)

(18) a. We insisted that he (should) leave at once.
    b. They expressed the wish that he (should) accept the award.
(19) a. *We demanded that he must leave at once.
    b. *He demanded that successful candidates can speak German.

c. *It is necessary that secretaries can handle the office work efficiently.

(19) の例は，いずれも法助動詞を除けば文法的になること，また，法助動詞 can は，それと同じ「可能」を表す be able to に置き換えれば文法的な文が得られることから，仮定法節に should 以外の法助動詞が許されないのは，統語上の理由によることがわかる．

(20) a. He demanded that successful candidates be able to speak German.　　　　　　　　　　　　　(Potsdam 1996, 150)
　　　b. It is necessary that secretaries be able to handle the office work efficiently.

また，強調の do や，疑問文や否定文に現れる迂言的助動詞（periphrastic auxiliary）の do も，仮定法節には生起不可能である．

(21) a. *We insisted that we do leave at once.
　　　b. *We suggested that he do / does accept the award.
　　　c. *It is necessary that you do be more punctual.
　　　d. *It is preferred that he do / does be more patient.
(22) a. *They demanded that he do / does not disturb others.
　　　b. *The sign requested that you do not enter the building on weekends.
　　　c. *I suggested that he do / does not be late again.
　　　d. *It is desirable that you do not be too cautious about asking questions.

仮定法節で否定文を使う場合には，直説法節とは異なり，助動詞を用いることなく，すべて「not＋動詞」の語順となる．

(23) a. They demanded that he not disturb others.
　　　b. The sign requested that you not enter the building on weekends.
　　　c. The neighbors asked that we not make too much noise.

相助動詞（aspectual auxiliary）の have 動詞，be 動詞は，仮定法節に現れるが，否定文では，「not + have」，「not + be」の語順をとるのが一般的である（ただし，have 動詞と be 動詞をくらべると，前者も not に後続する語順が好まれるようであるが，(24b) が示すように，容認性は落ちるものの not に先行できるようである．「have + not」の語順については，5.4 を参照）．

(24) a. My parents suggested that the baby sitter not have left a mess in the kitchen for them to clean when they get back.
b. ?My parents suggested that the baby sitter have not left a mess in the kitchen for them to clean when they get back.
(Potsdam 1996, 164)
(*cf.* The baby sitter has not left a mess in the kitchen. / *The baby sitter not have / has left a mess in the kitchen.)
(25) a. They demanded that you not be late for the meeting.
(*cf.* I am not late for the meeting.)
b. *They demanded that you be not late for the meeting.

5.2 仮定法節の内部構造

5.2.1 可能な分析 1: IP の欠如した構造

補文標識の that が現れなければならないというのが，仮定法節のほぼ一般的な特徴であるとすると，その構造は少なくとも，that を主要部とする CP であるとしてよいであろう．2.3.4 で述べたように，個々の θ 役が統語構造に具現する場合には，その一般的具現形として生じる統語範疇がある．仮定法節が CP の構造を持つのは，それが担う θ 役〈非現実〉の CSR が CP だからである．（〈非現実〉を担う不定詞補文も，CP の構造を持つ（⇒ 3.2.3）．）

仮定法節の統語範疇は CP であるものの，その内部に IP が存在するか否かは，検討する必要がある．仮定法節の内部構造として，CP 内部に IP を持たない (26a) の構造（Zanuttini 1991）と，CP 内部に IP を持つ (26b) の構造（Roberts 1985; Lasnik 1995; Potsdam 1996, 1997）の，2 つの可

能性が考えられる．

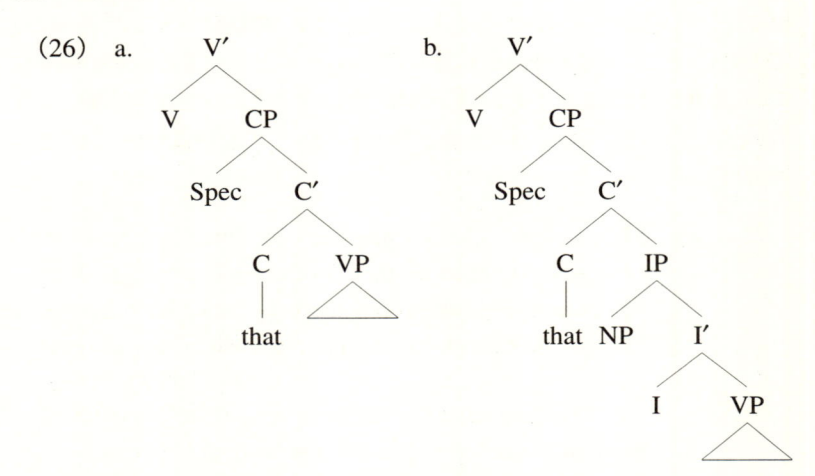

(26) a.
```
        V'
       /  \
      V    CP
          /  \
        Spec  C'
             /  \
            C    VP
            |    △
           that
```
b.
```
        V'
       /  \
      V    CP
          /  \
        Spec  C'
             /  \
            C    IP
            |   /  \
           that NP  I'
                   /  \
                  I    VP
                       △
```

仮定法節には，Iに位置する法助動詞が生起しないこと，相助動詞の位置が否定文では not の後にほぼ固定されていることなどが，(26a)の根拠になるであろう．一方，(26b)ではこのような事実を，仮定法節と定形節とではIの性質が異なると仮定することによって，捉えることになる．本章では，後者の分析を採用することにするが，その前に，(26a)の可能性を検討しておこう．(26a)の分析に従えば，(27a)の仮定法節は，(27b)の構造を持つ．

(27) a. They demanded that the committee reconsider its decision.
 b. They demanded [$_{CP}$ [$_C$ that] [$_{VP}$ the committee [$_{V'}$ [$_V$ reconsider] [$_{NP}$ its decision]]]].

(28a)のような定形節では，Iの位置にある時制を表す屈折辞は，接辞であるため，接辞移動によって動詞に付加しなければならない．

(28) a. The committee reconsidered its decision.
 b. [$_{IP}$ The committee [$_I$ -ed] [$_{VP}$ reconsider its decision]]
         └──────affix-movement──────↑

(27b)の構造には，そもそも時制辞の受け皿であるIがないのだから，仮定法節では，動詞の形態が常に原形になると説明することができる．

また，仮定法節の否定文にみられる「not + have」，「not + be」の語順は，Have・Be 繰上げ（Have-Be Raising）の不適用という形で説明することが可能であろう．have 動詞，be 動詞は，(29)，(30) が示すように VP 削除（VP Deletion）の対象になるので，VP 内の要素である．法助動詞が I の位置にある場合，have 動詞，be 動詞は VP 内に留まるのだが，法助動詞がない場合には，I の位置の時制辞に付着するために，移動する（(31b)，(32b)）．その結果，助動詞を持つ否定文とそうでない否定文では，語順が異なる．

(29) a. John will read the book, and Mary will [$_{VP}$ ϕ], too.
b. John might have read the book, and Mary might [$_{VP}$ ϕ], too.
(30) a. John will play baseball, and Bill will [$_{VP}$ ϕ], too.
b. John will be playing baseball, and Bill will [$_{VP}$ ϕ], too.
(31) a. John might not have read the book.
b. John has not read the book.
(32) a. John will not be playing baseball.
b. John is not playing baseball.

(26a) の構造には，Have・Be 繰上げの移動先である I が欠けているので，have 動詞，be 動詞は，通常 not に後続しなければならないと説明することができる．(ただし，(24b) と (25b) の対比は問題になる ($\Rightarrow$ 5.4).)

(26a) の分析でただちに問題になるのが，助動詞 should の存在である．仮定法節が I を欠いた構造を持つとすると，助動詞の should は仮定法節に限って，定形節とは異なる統語的位置，すなわち，VP 内部にあるとしなければならない．しかし，should の現れる仮定法節が否定文になると，その語順はやはり「should + not」でなければならない．

(33) a. I suggested that he should not be late again.
b. *I suggested that he not should be late again.

(33b) は，仮定法節に現れる should が，定形節のそれと同じ統語的位置にあることを示している．仮定法節が IP を欠く (26a) の構造を持つとする分析では，定形節内の助動詞と not の語順とは別に，仮定法節について「not + should」の語順を禁止する制約を設けなければならない．(33a) の should と not の語順は，定形節の語順そのものであり，前者を後者と切り離して別個に扱うのは望ましくない．

また，文副詞は，通常 I の投射内に現れるが，仮定法節に I の投射がないとすると，仮定法節には文副詞は生起できないことになるが，実際は (34) のように，certainly, probably, normally といった文副詞を含む例がある (Chiba 1987; Potsdam 1996, 1997)．

(34) a. The guide urges that one *certainly* go to the local museum.
b. The doctor proposed that the patient *probably* be examined a second time.
c. My teacher insists that I *normally* work on my homework before bedtime.

certainly, probably などの文副詞は，述部副詞とは異なり，VP 内部に生起することはできない ((35))．したがって (34) は，仮定法節内に I の投射が存在することを示唆している．

(35) a. *George has been {certainly / probably} ruined by the tornado.
b. *George is being {certainly / probably} trailed by the FBI.
(36) a. George has been {completely / entirely} ruined by the tornado.
b. George could have been {safely / effortlessly} rescued.

5.2.2　可能な分析 2: IP を内部に持つ構造

2つ目の可能性 (26b) は，定形節同様，内部に IP を持つため，仮定法節と定形節の違いのいくつかは，それぞれの I の特徴の違いによって説明することになる．すなわち，仮定法節の I の位置には，ゼロ形式の法

助動詞（音形を持たない法助動詞）が存在すると仮定することで，仮定法節には法助動詞が現れないことを捉えることができる (Roberts 1985; Lasnik 1995)．また，助動詞の should は，ゼロ形式の法助動詞の具現形と考えることができる．ここでは，仮定法節のゼロ形式の法助動詞を M_{Subj} と表記しておく．

(37) I demanded [$_{CP}$ [$_C$ that] [$_{IP}$ John [$_I$ M_{Subj}] [$_{VP}$ go]]].

このように考えると，一見例外的にみえる仮定法節の特徴の中核部分は，法助動詞を伴う直説法節の特徴と平行的に捉えることができる．第一に，仮定法節では動詞の形態が常に原形であるが，これは，I の位置にゼロ形式の助動詞があるからであり，法助動詞を持つ定形節と同じ特徴である．

(38) I demanded that John {leave / *leaves}.
(39) a. John {must / can / may / will} leave.
  b. John {*leave / leaves}.

第二に，相助動詞の have 動詞，be 動詞を含む仮定法節が否定文になると，be 動詞は，not に後続しなければならないこと，have 動詞もまた，not に後続する語順がより一般的であることも，法助動詞を含む定形節とほぼ平行的である．

(40) a. They demanded that you not be late for the meeting.
  b. *They demanded that you be not late for the meeting.
(41) a. My parents suggested that the baby sitter not have left a mess in the kitchen for them to clean when they get back.
  b. ?My parents suggested that the baby sitter have not left a mess in the kitchen for them to clean when they get back.
(42) a. John {must / can / may / will} not be late for the meeting.
  b. John was not late for the meeting.
(43) a. The baby sitter should not have left a mess in the kitchen.
  b. The baby sitter has not left a mess in the kitchen.

一見すると，仮定法節は，定形節とはかなり異なる特徴を持つように思わ

れるが，仮定法節に（26b）の構造を仮定することで，仮定法節に特有な語順の制約などを設けることなく，定形節との共通性を捉えることができる．

以下，この分析に従って，仮定法節の特徴をもう少し詳しく検討することにする(仮定法節については，本シリーズ第8巻『機能範疇』も参照)．

5.3 仮定法節内の Not

5.3.1 文否定の Not

5.2.2 では，仮定法節が法助動詞を持つ定形節とほぼ平行的であると述べた．仮定法節が（26b）の構造を持つとすると，仮定法節の not も定形節のそれと同じ統語的位置にあり，したがって，両者にも平行関係がみられるはずである．

否定には，文否定（sentential negation）と，文の構成素の一部を否定する構成素否定（constituent negation）がある．前者は，I と VP の間に位置し，これを Pollock (1989), Chomsky (1991) に従い文構造に組み込むと，（44）の構造になる．

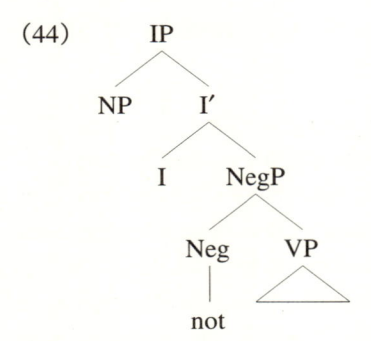

(44)
```
        IP
       /  \
      NP   I'
          /  \
         I   NegP
            /   \
          Neg   VP
           |    △
          not
```

また，否定の作用域（scope）は，否定辞によって c 統御される領域とされるので，（44）では，VP 内の要素が否定の作用域に入ることになる．一方，構成素否定は，否定辞が付加した構成素をその作用域とする．以下がその具体例である．

(45) a. Marion hasn't been selling drugs because the demand changed.
　　 b. Marion has been not selling drugs because the demand changed.
(46) a. Marion hasn't been selling the drug and the reason is that the demand changed.
　　 b. Marion has been selling the drug and not for the reason that the demand changed.

(45a) は，否定の作用域に関して多義的で，(46a)，(46b) のいずれにも解釈することができる．一方，(45b) に可能な解釈は，(46a) のみである．(45a) の否定の作用域に関する多義性は，文末の because 節が，VP 付加部と IP 付加部のどちらにも生起しうることに由来する((47a, b) を参照)．IP 付加部に位置する because 節は，not に c 統御されることはなく，したがって，because 節は not の作用域には入らない．一方，because 節が VP 付加部に生じれば，because 節は not に c 統御され，(46b) に対応する解釈となる．

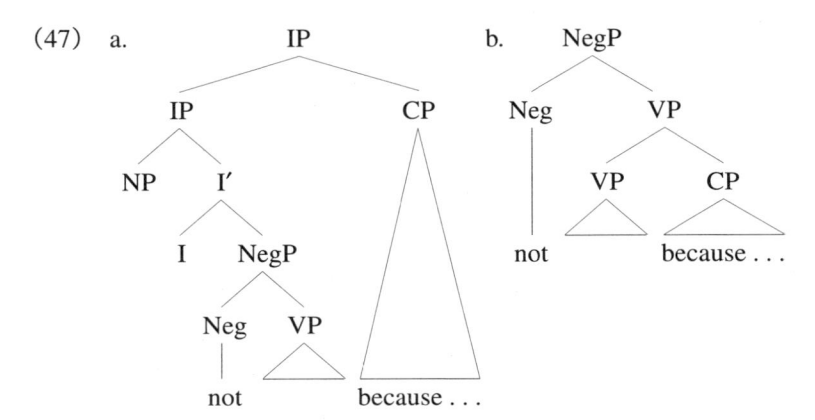

(47) a. [IP [IP NP [I' I [NegP Neg(not) VP]]] [CP because...]]
　　 b. [NegP Neg(not) [VP VP [CP because...]]]

　(45b) の not は be 動詞の直後に位置しており，VP 内部にある動詞句否定(構成素否定)の not である．(45b) の because 節は否定の作用域に入らないことから，動詞句否定の not は，VP の付加部の because 節を c

統御しない V′ 付加位置にあると考えられる．

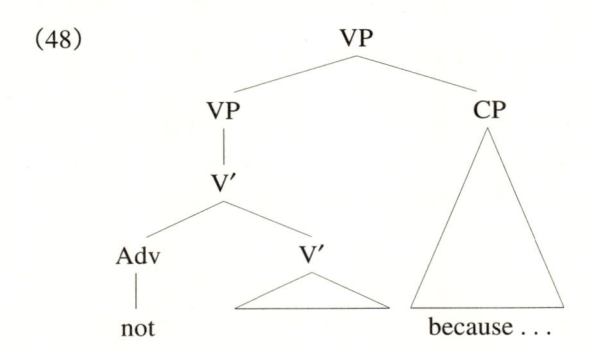

(48)
```
              VP
             /  \
            VP   CP
            |    /\
            V'  /  \
           / \ /____\
         Adv  V'    because...
          |   /\
         not /__\
```

仮定法節に話を戻そう．仮定法節には助動詞が現れないため，not が (44) の NegP 主要部にあるのか VP 内部にあるのかを，線形順序によって判断するのは難しいが，仮に仮定法節の not が VP 内に位置するとすれば，文末の VP 付加部をその作用域にとれないことになる．(49) の because 節は，not の作用域内，作用域外のどちらにも解釈することができることから (Potsdam 1996, 159)，仮定法節の not は VP の外側に位置すると考えられる(ただし，仮定法節の not が VP 内に生起する可能性(動詞句否定)がないというわけではない．動詞句否定については 5.4 を参照)．

(49) a. We proposed that Mrs. Brown not sell the cow because she needed the income.
b. The broker urged that Marty not sell his shares because the market was unstable.
c. His wife suggested that Marion not sell drugs because the demand has changed.

仮定法節の not が，(44) の文否定の位置を占めることを示す例を，もう1つみておこう．any などの否定対極表現は，否定辞によって c 統御される位置に生起しなければならない．したがって，NegP 主要部の not に c 統御されない主語位置には，否定対極表現を置くことはできない．

(50) a. *Anybody did not see her.
　　　b. She did not see anybody.

(45b) でみたように，動詞句否定の not が文末の VP 付加部を c 統御しないとなると，動詞句否定の not は，VP 付加部内部の否定対極表現を認可することができないことになる．文否定の not と動詞句否定のそれでは，(51) のような対比がみられる．

(51) a. John has not been playing football for any great length of time.
　　　b. *John has been not playing football for any great length of time.

次の例は，仮定法節の not が VP 付加部を c 統御する文否定の not であることを示している．

(52) a. We require that our new students not have studied for any great length of time.　　(Potsdam 1996, 160)
　　　b. They demanded that one not enter the building under any circumstances.

仮定法節には助動詞が現れないことから，not が句構造上，VP の外部に位置するのか，あるいは内部に位置するのかを，線形順序によって判断することはできないが，上で検討した統語現象は，仮定法節の not が句構造上 VP の外部に位置することを示している．文否定の not が，(44) に示したように I と VP の間に位置するのであれば，仮定法節内の not の作用域に関する事実は，仮定法節がその内部に IP を持つとする分析の根拠と考えることができる．

5.3.2　VP 削除と Not

5.3.1 では，仮定法節の not が，否定の作用域に関して文否定の not と同じ特徴を持つことをみた．このような特徴は，Pollock (1989), Chomsky (1991) に従い，文否定の not が，NegP 主要部に位置する (44) の

構造を仮定することで捉えることができるとした．しかし，否定の作用域に関する事実は，文否定の not が VP 付加部を c 統御する位置にあることを示しているものの，かならずしもそれが (44) のように，IP を補部にとる機能範疇の主要部にあることを示しているわけではない．

従来，(53) のような事実が，文否定の not を NegP の主要部とする根拠の1つとされていた (Pollock 1989; Chomsky 1991)．

(53) a. *John not eats raw fish.
b. John never eats raw fish.
c. John eats raw fish.

通常，主要部から主要部への移動 (head-to-head movement) は，その間に介在する別の主要部によって阻止されることから，Pollock (1989) では，(53a) には not が NegP 主要部にあり，それが接辞移動を阻止するのに対して，(53b), (53c) にはそのような主要部が介在しないため，接辞移動は阻止されない，と説明されている．((53b) の副詞 never は VP 付加部に位置するので，主要部移動を妨げない．)

ところが最近になって，このような説明方法には問題があることが，Ernst (1992), Chomsky (1995), Lasnik (1995) などによって指摘されている．Lasnik (1995) は，(53c) の定形動詞の形態は，接辞移動によるのではなく，文法の音声形式部門 (Phonetic Form Component: PF) で適用する I の位置の接辞と動詞を融合する規則によって得られるとしている．この融合規則は，隣接性条件 (adjacency condition) に従う．したがって，(53a) では，隣接性条件により I の位置の接辞と動詞は融合されない．ただし，このような分析でも，not と never は区別しなければならない．Bobaljik (1994) は，音声形式部門の隣接性条件に関与するのは，主要部と指定部であり，付加部は関与しないとしている（詳しくは，Bobaljik (1994), Lasnik (1995) を参照）．ここでは，この分析を詳しく検討する余裕はないが，(53a) を主要部移動に課せられる制約によって説明することができないのなら，(53) の事実は，もはや (44) の構造を仮定する経験的基盤にはならない．このように，not が NegP 主要部に位置

する構造を認めるか否かに関しては，研究者の間でも議論の別れるところである．この点に関して，Potsdam (1996, 1997) は，仮定法節内にみられる VP 削除の現象が，(44) の構造を仮定する根拠になるという議論を展開している．以下，その議論をみることにしよう．

(54) の例は，それぞれ下線部に対応する VP が削除された，概略 (55) の構造を持つ．

(54) a. John will <u>taste the food</u> if Mary does ϕ.
b. Matt might <u>be moving to Finland</u> and Sophie might ϕ too.
c. John has <u>left</u> and Mary has ϕ too.
d. Mary is <u>playing</u> the piano and Bill is ϕ too.

(55) ... [$_{IP}$ Mary [$_I$ does] [$_{VP}$ ϕ]]   (= (54a))

(55) のように空の VP を持つ構造が認可されるためには，I の位置に助動詞がなければならない．助動詞の現れない I は，省略された VP を認可することはできない．

(56) a. *John will taste the food if Mary ϕ.
b. *Matt might be moving to Finland and Sophie ϕ too.
c. *John has left and Mary ϕ too.
d. *Mary is playing the piano and Bill ϕ too.

(57) ... [$_{IP}$ Mary [$_I$ + tense] [$_{VP}$ ϕ]]   (= (56a))

主語の後に語彙的要素があればよいかというと，そうではない．たとえば，(58) のように主語の後に文副詞が現れても，それが省略された VP を認可することはない．

(58) a. *John certainly will get elected if Bill probably ϕ.
    (*cf.* John certainly will get elected if Bill does ϕ.)
b. *John will see her if you probably ϕ.
    (*cf.* John will see her if you will ϕ.)

certainly, probably のような文副詞は，構造上 I′ の付加部に位置し ((59)), VP をその補部に従えているわけではない．

(59) [IP John [I' S-adverb [I' [I] [VP ...]]]]

したがって，空の VP を持つ構造は，語彙的要素を持つ I によって認可されなければならないと言える．

法助動詞や迂言的助動詞 do を持つ I のほかに，have 動詞，be 動詞などの相助動詞が省略された VP を認可することができる．(60a), (61a) は二重の VP 構造を持っているが，そのさい，have 動詞，be 動詞を含む VP 全体を削除することもできれば，本動詞と目的語からなる VP を削除することもできる．

(60) a. John could have finished the homework and Bill could [VP [V' have [VP finished the homework]]] too.
b. John could have finished the homework and Bill could [VP [V' have [VP φ]]] too.
c. John could have finished the homework and Bill could [VP φ] too.

(61) a. John will be playing the piano and Mary will [VP [V' be [VP playing the piano]]] too.
b. John will be playing the piano and Mary will [VP [V' be [VP φ]]] too.
c. John will be playing the piano and Mary will [VP φ] too.

(60c), (61c) では，(54) 同様，省略された VP が助動詞の現れる I の補部になっている．一方 (60b), (61b) では，省略された VP は，それぞれ have 動詞，be 動詞の補部に位置する．(54) と (60b), (61b) に共通するのは，省略された VP が語彙的要素の補部に位置するということであり，これを (62) のように述べることができる (Lobeck 1987, 1995; Chao 1988; Zagona 1988).

(62) 省略された VP は，形態的な具現形を持つ主要部の補部でなければならない．

さて，仮定法節はその内部に I を持つものの，その位置には法助動詞や

迂言的助動詞の do が現れることはないので，仮定法節の I が VP 削除を認可することはない．

(63) a. *Kim needn't be there but it is imperative that the other organizers ϕ.
b. *Ted didn't want to vacation in Hawaii but his agent suggested that he ϕ.　　　　(Potsdam 1997, 538)
c. A: Should I read the documents before the meeting?
　 B: *I advise that you ϕ.
d. *John started from chapter five, and he recommended that Bill ϕ too.

ところが，Potsdam (1996, 1997) が観察しているように，仮定法節内に文否定の not が生じると，VP 削除が許されるようになる．

(64) a. Kim needs to be there but it is better that the other organizers not ϕ.
b. Ted hoped to vacation in Liberia but his agent recommended that he not ϕ.　　　　(Potsdam 1996, 538)
c. A: Should I read the documents before the meeting?
　 B: I advise that you not ϕ.
d. John started from chapter five, and he recommended that Bill not ϕ.

(63) と (64) の対比は，not が省略された VP を認可することを示している．ここで重要なのは，not が VP 削除を認可するためには，それが VP を補部に従える主要部でなければならないということである．興味深いことに，(64) の not を，否定を表す副詞 never に置き換えてみると，(65) の例はいずれも非文になる．

(65) a. *Kim needs to be there but it is better that the other organizers never ϕ.
b. *Ted hoped to vacation in Liberia but his agent recommended that he never ϕ.

c.　A:　Should I read the documents before the meeting?
　　　　　B:　*I advise that you never φ.
　　　d.　*John started from chapter five, and he recommended that Bill never φ.

　(65)は，(58)と同じ理由で容認されないと考えられる．否定を表すneverは，付加部に位置する副詞であり，VPをその補部にとっているのではない．

　Pollock (1989) や Chomsky (1991) で論じられていた (44) の構造を仮定する根拠は，その効力を失いつつあるものの，上でみた仮定法節内のVP削除現象は，not が (44) に示した統語的位置を占めることを示す新たな根拠と見なすことができる．

5.4　Have・Be 繰上げの適用可能性

　以上，仮定法節にはゼロ形式の法助動詞があると仮定することで，仮定法節に特有な「not + be」，「not + have」の語順を，Iの位置に法助動詞が現れる定形節の語順と平行的に扱うことができることを述べた．(ただし，have 動詞は，例外的に「have + not」の語順をとる場合もある．この点に関しては，以下で詳述する．) 仮定法節では，be 動詞がIの位置へ移動しないとすると，仮に「be + not」の語順があったとしても，その語順は be 動詞の移動によるものではないことになる (Beukema and Coopmans 1989; Potsdam 1996, 1997)．換言すれば，「be + not」の語順の be 動詞は VP 内に留まっており，not は，文否定の not とは異なる not ということになる．「be + not」の語順は，(66) のような例にみられる．

　(66)　a.　I demand that she be not chosen as president but as vice-president.　　　　　　　　　　　　　　　(千葉 2000, 162)
　　　b.　I urged that he be not promoted but demoted.
　　　c.　It is necessary that his proposal be not approved but disapproved.

　(66)の not に特徴的なのは，文否定の not とは異なり，対比強勢を受け

るということである．このことは，(66) の VP 内の要素が，but 以下の要素と対比されていることからもわかる．つまり (66) の not は，動詞句否定の not であり，be 動詞が not を飛び越えて I の位置へ移動しているのではない．

Potsdam (1997, 537) は，(67) の仮定法節は，(68) とは異なり，because of his attitude が not の作用域の外にある解釈 ((69a)) のみを持つと述べている．

(67) I urged that Tom be not promoted because of his attitude.
(68) Tom was not promoted because of his attitude.
(69) a. Tom was not promoted and the reason is because of his attitude.
　　　b. Tom was promoted but not because of his attitude.

(66) の動詞句否定の not を含む文に副詞句を付け加えてみると，副詞句が not の作用域に入る解釈は不可能なようである．

(70) a. I demand that she be not chosen as president but as vice-president because of her age.
　　　b. I urged that he be not promoted but demoted because of his attitude.
　　　c. It is necessary that his proposal be not approved but disapproved because everyone hates him.

(66), (67) では，あたかも be 動詞が I の位置へ移動したかのようにみえるが，not は構成素否定の特徴を示す．したがって仮定法節では，be 動詞は，Have・Be 繰上げによって移動することはできないと言える．通常，have 動詞と be 動詞は，その移動可能性に関して同じ振る舞いをする．上でみた仮定法節内の be 動詞の特徴からすると，have 動詞が I の位置へ移動することも拒まれるのであろうか．

この点に関して have 動詞は，be 動詞とは異なる振る舞いをする．be 動詞は，文副詞の左側に生起できないのに対して，have 動詞は，容認可

能性判断は落ちるものの，文副詞の左側に生起することができる（Potsdam 1996, 153–154）．

(71) a. *During his lecture, it is crucial that we be *absolutely* paying attention to his every word.
(*cf.* During his lecture, it is crucial that we *absolutely* be paying attention to his every word.)
b. *The doctor proposed that the patient be *probably* examined a second time, just to be on the same side.
(*cf.* The doctor proposed that the patient *probably* be examined a second time, just to be on the same side.)

(72) a. ?It is mandatory that everybody have *certainly* read at least the introduction.
(*cf.* It is mandatory that everybody *certainly* have read at least the introduction.)
b. ?It is important that she have *normally* waited at least an hour before going swimming.
(*cf.* It is important that she *normally* have waited at least an hour before going swimming.)

(72a), (72b) の語順は，have 動詞が I の位置へ移動したことを示していると考えられるが，それは (72) の語順が，Have・Be 繰上げの適用を受けた (73a), (73b) や，法助動詞を含む (73c) と同じ語順だからである．

(73) a. Horatio has *evidently* lost his mind.
b. George was *probably* ruined by the tornado.
c. George will *probably* lose his mind.

文副詞は，通常 I の投射内に生起するが，(73) の例は，文副詞が最上位の VP の左端にも生起しうることを示している（ただし，VP 内部には生起できない（⇒ 5.2.1））．

have 動詞は，not に先行することができる（Johnson 1988a; Potsdam

1996, 1997 (⇒ 5.1)).

(74) a. ?My parents suggested that the baby sitter have not left a mess in the kitchen for them to clean when they get back.
(*cf.* My parents suggested that the baby sitter not have left a mess in the kitchen for them to clean when they get back.)
b. ?I urge that Mary have not just skimmed over his critique simply because of his attitude.
(*cf.* I urge that Mary not have just skimmed over his critique simply because of his attitude.)
c. ?Who demanded that we have not eaten everything before sitting down to supper?
(*cf.* Who demanded that we not have eaten everything before sitting down to supper?)

「be + not」の語順の not は動詞句否定であるが，もし have 動詞も be 動詞同様，I の位置へ移動しないのであれば，(74) の not も動詞句否定の not ということになる．ところが (74b) は，(75a), (75b) のどちらにも解釈することができる (Potsdam 1996, 164)．

(75) a. Mary has not skimmed over his critique and the reason was because of his attitude.
b. Mary has skimmed over his critique but not because of his attitude.

このような have 動詞と be 動詞の対比は，have 動詞が例外的に I の位置へ移動しうることを示している．仮定法節には，I の位置に助動詞や迂言的助動詞の do が現れないため，VP 削除が可能になるのは，文否定の not がある場合に限られるが，have 動詞が I の位置へ移動しうるとすると，そのような場合に限って VP 削除が許されることになる．Potsdam (1996, 169–170) は，have 動詞と be 動詞では，仮定法節内の VP 削除の適用可能性に関して異なることを観察している．

(76) a. ?When the labors have come to a decision, it is imperative that the leader have φ as well.
　　 b. ?By the time Wanda finishes, it is necessary that Bob have φ too.
　　 c. ?Jim memorized the piece and I suggested that, by next lesson, you have φ too.
(77) a. *We can't count on Josh to be waiting for us at the airport so we request that you be φ instead.
　　 b. *Jack's room was given a thorough cleaning and I suggest that yours be φ too.
　　 c. *You should be happy with the results even though I can't insist that you be φ.

定形節の I に位置する時制要素は接辞であるため，Have・Be 繰上げが適用可能な環境では，have 動詞はかならず I の位置へ移動して，時制や数に応じて変化しなければならない．

(78) a. John has not visited Boston.
　　 b. *John not {has / have} visited Boston.

一方，仮定法節では，動詞の形態は常に原形である．仮定法節内の have 動詞は，be 動詞とは異なり，文否定の not の左側に生起することがあるが，この場合にも，have 動詞が時制や数に応じて変化することはない．

(79) a. *My parents suggested that the baby sitter has not left a mess in the kitchen for them to clean when they get back.
　　 b. *I urge that Mary has not just skimmed over his critique simply because of his attitude.

このことからすると，仮定法節の I は定形節とは異なり，接辞ではなく，本来なら Have・Be 繰上げを誘発することはできないはずである．すると，上で検討した仮定法節内での「have + not」の語順にみられる have 動詞の移動は，Have・Be 繰上げの適用条件を満たしていない例外的な移動

と言わざるをえない.

　通常，have 動詞と be 動詞は同じように扱われているが，視点を変えてみれば，仮定法節内の have 動詞のいわば例外的な振る舞いは，両者を同等には扱えないことを示しているとも考えられる (Johnson 1988a). このような問題は，今後さらに検討する必要がある。

参 考 文 献

Aarts, Bas (1992) *Small Clauses in English: The Nonverbal Types*, Mouton de Gruyter, Berlin.
Abney, Stephen (1987) *The English Noun Phrase in Its Sentential Aspects*, Doctoral dissertation, MIT.
Akmajian, Adrian (1977) "The Complement Structure of Perception Verbs in an Autonomous Syntax Framework," *Formal Syntax*, ed. by Peter Culicover, Thomas Wasow, and Adrian Akmajian, 427–460, Academic Press, New York.
Akmajian, Adrian and Thomas Wasow (1975) "The Constituent Structure of VP and AUX and the Position of the Verb *Be*," *Linguistic Analysis* 1, 205–245.
Aoun, Joseph, Norbert Hornstein, David Lightfoot, and Amy Weinberg (1987) "Two Types of Locality," *Linguistic Inquiry* 18, 537–577.
Asakawa, Teruo and Koichi Miyakoshi (1996) "A Dynamic Approach to Tough Constructions in English and Japanese," *Tough Constructions in English and Japanese: Approaches from Current Linguistic Theories*, ed. by Akira Ikeya, 113–149, Kurosio, Tokyo.
Authier, J.-Marc (1992) "Iterated CPs and Embedded Topicalization," *Linguistic Inquiry* 23, 329–336.
Baker, Carl L. (1968) *Indirect Questions in English*, Doctoral dissertation, University of Illinois.
Baker, Carl L. (1970) "Notes on the Description of English Questions: The Role of an Abstract Question Morpheme," *Foundations of Language* 6, 197–217.
Baker, Carl L. (1991) "The Syntax of English *not*: The Limits of Core Grammar," *Linguistic Inquiry* 22, 387–429.
Baker, Carl L. and John J. McCarthy, ed. (1981) *The Logical Problem of Language Acquisition*, MIT Press, Cambridge, MA.

Baker, Mark (1988) *Incorporation: A Theory of Grammatical Function Changing*, University of Chicago Press, Chicago.

Bennis, Hams and Teun Hoekstra (1989) "Why Kaatje Was Not Heard Sing a Song," *Sentential Complementation and the Lexicon*, ed. by Jaspers Danny, Klooster Wim, Putseys Yvan, and Pieter Seuren, 21–40, Foris, Dordrecht.

Berman, Stephen (1991) *On the Semantics and Logical Form of wh-Clauses*, Doctoral dissertation, University of Massachusetts.

Beukema, Frits and Peter Coopmans (1989) "A Government-Binding Perspective on the Imperative in English," *Journal of Linguistics* 25, 417–436.

Bobaljik, Jonathan (1994) "What Does Adjacency Do?," *MIT Working Papers in Linguistics*, 22, 1–32, MITWPL, Department of Linguistics and Philosophy, MIT.

Bolinger, Dwight L. (1972) *That's That*, Mouton, The Hague.

Borkin, Ann (1973) " 'To be' and NOT 'to be', " *CLS* 9, 44–56.

Bošković, Željko (1997) *The Syntax of Nonfinite Complementation: An Economy Approach*, MIT Press, Cambridge, MA.

Bowers, John (1993) "The Syntax of Predication," *Linguistic Inquiry* 24, 591–651.

Bresnan, Joan (1970) "On Complementizers: Toward a Syntactic Theory of Complement Types," *Foundations of Language* 6, 297–321.

Bresnan, Joan (1972) *Theory of Complementation in English Syntax*, Doctoral dissertation, MIT.

Burzio, Luigi (1986) *Italian Syntax: A Government-Binding Approach*, Reidel, Dordrecht.

Chao, Wynn (1988) *On Ellipsis*, Garland, New York.

Chiba, Shuji (1987) *Present Subjunctives in Present-Day English*, Shinozaki Shorin, Tokyo.

Chiba, Shuji (1991) "Non-Localizable Contextual Features: Present Subjunctives in English," *Current English Linguistics in Japan*, ed. by Heizo Nakajima, 19–43, Mouton de Gruyter, Berlin.

千葉修司 (2000)「英語の仮定法について」『研究報告 (4) 先端的言語理論の構築とその多角的な実証 (4–A) ——ヒトの言語を組み立て演算

する能力を語彙の意味概念から探る』井上和子編, 147–169, 神田外語大学.

Chomsky, Noam (1965) *Aspects of the Theory of Syntax*, MIT Press, Cambridge, MA.

Chomsky, Noam (1970) "Remarks on Nominalization," *Readings in English Transformational Grammar*, ed. by Roderick A. Jacobs and Peter S. Rosenbaum, 184–221, Ginn, Waltham, MA.

Chomsky, Noam (1973) "Conditions on Transformations," *A Festschrift for Morris Halle*, ed. by Stephen R. Anderson and Paul Kiparsky, 232–286, Holt Rinehart and Winston, New York.

Chomsky, Noam (1977) "On WH-Movement," *Formal Syntax*, ed. by Peter Culicover, Thomas Wasow, and Adrian Akmajian, 71–132, Academic Press, New York.

Chomsky, Noam (1981) *Lectures on Government and Binding*, Foris, Dordrecht.

Chomsky, Noam (1986a) *Knowledge of Language: Its Nature, Origin, and Use*, Praeger, New York.

Chomsky, Noam (1986b) *Barriers*, MIT Press, Cambridge, MA.

Chomsky, Noam (1991) "Some Notes on Economy of Derivation and Representation," *Principles and Parameters in Comparative Grammar*, ed. by Robert Freidin, 417–454, MIT Press, Cambridge, MA.

Chomsky, Noam (1993) "A Minimalist Program for Linguistic Theory," *The View from Building 20*, ed. by Kenneth Hale and Samuel Jay Keyser, 1–52, MIT Press, Cambridge, MA.

Chomsky, Noam (1995) *The Minimalist Program*, MIT Press, Cambridge, MA.

Chomsky, Noam and Howard Lasnik (1977) "Filters and Control," *Linguistic Inquiry* 8, 425–504.

Chomsky, Noam and Howard Lasnik (1993) "The Theory of Principles and Parameters," *Syntax: An International Handbook of Contemporary Research*, ed. by Joachim Jacobs, Arnim von Stechow, Wolfgang Sternefeld, and Theo Vennemann, 506–569, Walter de Gruyter, Berlin.

Cinque, Guglielmo (1990) *Types of $\bar{A}$-Dependencies*, MIT Press, Cam-

bridge, MA.
Comrie, Bernard (1984) *Tense*, Cambridge University Press, Cambridge.
Culicover, Peter (1971) *Syntactic and Semantic Investigations*, Doctoral dissertation, MIT.
Culicover, Peter (1992) "Polarity, Inversion, and Focus in English," *Proceedings of the Eighth Eastern States Conference on Linguistics*, 46–68.
Declerck, Renaat (1982) "The Triple Origin of Participial Perception Complements," *Linguistic Analysis* 10, 1–26.
Declerck, Renaat (1983) "The Structure of Infinitival Perception Verb Complements in a Transformational Grammar," *Problems in Syntax*, ed. by Liliane Tasmowski and Dominique Williams, 105–128, Plenum Press, New York.
Declerck, Renaat (1991) *A Comprehensive Descriptive Grammar of English*, Kaitakusha, Tokyo.
Delahunty, Gerald (1983) "But Sentential Subjects Do Exist," *Linguistic Analysis* 12, 379–398.
Doherty, Cathal (1993) *Clauses without That: The Case for Bare Sentential Complementation*, Doctoral dissertation, University of California, Santa Cruz.
Elliot, Dale E. (1971) *The Grammar of Emotive and Exclamatory Sentences in English*, Doctoral dissertation, Ohio State University.
Elliot, Dale E. (1974) "Toward a Grammar of Exclamations," *Foundations of Language* 11, 231–246.
Emonds, Joseph (1976) *A Transformational Approach to English Syntax: Root, Structure-Preserving, and Local Transformations,* Academic Press, New York.
Emonds, Joseph (1978) "The Verbal Complex V'-V" in French," *Linguistic Inquiry* 9, 151–175.
Ernst, Thomas (1992) "The Phrase Structure of English Negation," *The Linguistic Review* 9, 109–144.
Erteschik, Nomi (1973) *On the Nature of Island Constraints*, Doctoral dissertation, MIT.
Felser, Claudia (1998) "Perception and Control: A Minimalist Analysis

of English Direct Perception Complements," *Journal of Linguistics* 34, 351–385.

Felser, Claudia (1999) *Verbal Complement Clauses: A Minimalist Study of Direct Perception Constructions*, John Benjamins, Amsterdam.

Freidin, Robert (1991) *Principles and Parameters in Comparative Grammar*, MIT Press, Cambridge, MA.

Fukui, Naoki and Margaret Speas (1986) "Specifiers and Projections," *MIT Working Papers in Linguistics,* 8: *Papers in Theoretical Linguistics*, 128–172, MITWPL, Department of Linguistics and Philosophy, MIT.

Gee, James Paul (1977) "Comments on the Paper by Akmajian," *Formal Syntax*, ed. by Peter Culicover, Thomas Wasow, and Adrian Akmajian, 461–481, Academic Press, New York.

Givón, Talmy (1975) "Cause and Control: On the Semantics of Interpersonal Manipulation," *Syntax and Semantics* 4, ed. by John P. Kimball, 57–89, Taishukan, Tokyo.

Givón, Talmy (1994) "Irrealis and the Subjunctive," *Studies in Language* 18, 265–337.

Grimshaw, Jane (1977) *English Wh-Constructions and the Theory of Grammar*, Doctoral dissertation, University of Massachusetts.

Grimshaw, Jane (1979) "Complement Selection and the Lexicon," *Linguistic Inquiry* 10, 279–326.

Grimshaw, Jane (1981) "Form, Function, and the Language Acquisition Device," *The Logical Problem of Language Acquisition*, ed. by Carl L. Baker and John J. McCarthy, 165–182, MIT Press, Cambridge, MA.

Grimshaw, Jane (1990) *Argument Structure*, MIT Press, Cambridge, MA.

Grimshaw, Jane (1997) "Projection, Heads, and Optimality," *Linguistic Inquiry* 28, 373–422.

Higginbotham, James (1983) "The Logic of Perceptual Reports: An Extensional Alternative to Situation Semantics," *The Journal of Philosophy* 80, 100–127.

Hooper, Joan B. (1975) "On Assertive Predicates," *Syntax and Semantics,* Vol. 24, ed. by John P. Kimball, 91–124, Academic Press, New

York.

Hooper, Joan B. and Sandra Thompson (1973) "On the Applicability of Root Transformations," *Linguistic Inquiry* 4, 465–497.

Hornstein, Norbert (1990) *As Time Goes By: Tense and Universal Grammar*, MIT Press, Cambridge, MA.

Huang, C.-T. James (1982) *Logical Relations in Chinese and the Theory of Grammar*, Doctoral dissertation, MIT.

Iatridou, Sabine (1990) "About Agr(P)," *Linguistic Inquiry* 21, 551–577.

今井邦彦・中島平三 (1978)『文 II』研究社出版,東京.

稲田俊明 (1989)『補文の構造』大修館書店,東京.

Inoue, Kazuko (1992) " 'Cause' and 'Make' in Semantic Representation," *English Linguistics* 9, 132–151.

Ito, Takane (1991) "C-Selection and S-Selection in Inheritance Phenomena," *English Linguistics* 8, 52–67.

Jackendoff, Ray (1972) *Semantic Interpretation in Generative Grammar*, MIT Press, Cambridge, MA.

Jackendoff, Ray (1977) *$\bar{X}$-Syntax: A Study of Phrase Structure*, MIT Press, Cambridge, MA.

Jacobson, Pauline (1990) "Raising as Function Composition," *Linguistics and Philosophy* 13, 423–475.

Jespersen, Otto (1931) *A Modern English Grammar on Historical Principles*, Parts II–IV, George Allen & Unwin, London.

Johnson, Kyle (1985) "Some Notes on Subjunctive Clauses and Binding in Icelandic," *MIT Working Papers in Linguistics,* 6, 102–134, MIT-WPL, Department of Linguistics and Philosophy, MIT.

Johnson, Kyle (1988a) "Verb Raising and *Have*," *McGill Working Papers in Linguistics: Special Issues on Comparative German Syntax*, 156–167, McGill University, Montreal.

Johnson, Kyle (1988b) "Clausal Gerunds, the ECP, and Government," *Linguistic Inquiry* 19, 583–609.

Johnson, Kyle (1991) "Object Positions," *Natural Language and Linguistic Theory* 9, 577–636.

Johnston, Michael (1992) "*Because* Clauses and Negative Polarity Licensing," *Proceedings of the Tenth Eastern States Conference on Lin-

guistics, 163–174.

影山太郎（1996）『動詞意味論』くろしお出版，東京．

Kajita, Masaru (1968) *A Generative-Transformational Study of Semi-Auxiliaries in Present-Day American English*, Sanseido, Tokyo.

Karttunen, Lauri (1977) "Syntax and Semantics of Questions," *Linguistics and Philosophy* 1, 3–44.

Kayne, Richard (1981) "ECP Extensions," *Linguistic Inquiry* 12, 92–133.

Kiparsky, Paul and Carol Kiparsky (1970) "Fact," *Progress in Linguistics*, ed. by Manfred Bierwisch and Karl E. Heidolph, 143–173, Mouton, The Hague.

Kirsner, Robert S. and Sandra A. Thompson (1976) "The Role of Pragmatic Inference in Semantics: A Study of Sensory Verb Complements in English," *Glossa* 10, 200–240.

Koizumi, Masatoshi (1995) *Phrase Structure in Minimalist Syntax*, Doctoral dissertation, MIT.

小西友七編（1980）『英語基本動詞辞典』研究社出版，東京．

河野継代（1984）「英語の'Pretty'構文について」『言語』13, 108–116.

Koster, Jan (1978) "Why Subject Sentences Don't Exist," *Recent Transformational Studies in European Languages*, ed. by Samuel J. Keyser, 53–64, MIT Press, Cambridge, MA.

Koster, Jan and Robert May (1982) "On the Constituency of Infinitives," *Language* 10, 200–240.

Kuwabara, Kazuki (1990) "An Argument for Two Different Positions of a Topic Constituent," *English Linguistics* 7, 147–164.

Kuwabara, Kazuki (1992) *The Syntax of A′-Adjunction and Conditions on Chain-Formation*, Doctoral dissertation, Dokkyo University.

桒原和生（1995）「文体倒置のシンタクス」『日英語の右方移動構文——その構造と機能』高見健一編, 93–118, ひつじ書房，東京．

Lahiri, Utpal (1991) *Embedded Questions and Predicates that Embed Them*, Doctoral dissertation, MIT.

Laka, Itziar (1990) *Negation in Syntax: On the Nature of Functional Categories and Projections*, Doctoral dissertation, MIT.

Langacker, Ronald W. (1995) "Raising and Transparency," *Language* 71,

1–62.

Lasnik, Howard (1995) "Verbal Morphology: *Syntactic Structures* Meets the Minimalist Program," *Evolution and Revolution in Linguistic Theory: Essays in Honor of Carlos Otero*, ed. by Paula Kempchinsky and Héctor Campos, 251–275, Georgetown University Press, Georgetown. [Reprinted as a chapter in Lasnik (1999)].

Lasnik, Howard (1999) *Minimalist Analysis*, Blackwell, Oxford.

Lasnik, Howard and Robert Fiengo (1974) "Complement Object Deletion," *Linguistic Inquiry* 5, 531–571.

Lasnik, Howard and Mamoru Saito (1991) "On the Subjects of Infinitives," *CLS* 27, 324–343.

Lasnik, Howard and Mamoru Saito (1992) *Move-α: Conditions on Its Application and Output*, MIT Press, Cambridge, MA.

Levin, Beth and Malka Rappaport Hovav (1995) *Unaccusativity at the Syntax-Lexical Semantics Interface*, MIT Press, Cambridge, MA.

Linebarger, Marcia (1987) "Negative Polarity and Grammatical Representation," *Linguistics and Philosophy* 10, 325–387.

Lobeck, Anne (1987) *Syntactic Constraints on VP Ellipsis*, Doctoral dissertation, University of Washington.

Lobeck, Anne (1990) "Functional Heads and Proper Governors," *Proceedings of the North Eastern Linguistic Society* 20, 348–362.

Lobeck, Anne (1995) *Ellipsis: Functional Heads, Licensing, and Identification*, Oxford University Press, Oxford.

Matsuoka, Mikinari (1994) "The Accusative-*ing* Construction and the Feature Checking Theory," *Tsukuba English Studies* 13, 117–146.

Maxwell, Michael B. (1984) *The Subject of Infinitival Complementation in English*, Doctoral dissertation, University of Washington.

McCawley, James D. (1988) *The Syntactic Phenomena of English,* Chicago University Press, Chicago.

McCawley, Noriko A. (1973) "Boy! Is Syntax Easy!," *CLS* 9, 367–377.

Mittwoch, Anita (1990) "On the Distribution of Bare Infinitive Complements in English," *Journal of Linguistics* 26, 103–131.

Nakajima, Heizo (1984) "Comp as a Subject," *The Linguistic Review* 4, 121–152.

Nakajima, Heizo (1991) "Reduced Clauses and Argumenthood of AgrP," *Topics in Small Clauses*, ed. by Heizo Nakajima and Shigeo Tonoike, 39–57, Kurosio, Tokyo.

Nakajima, Heizo (1996) "Complementizer Selection," *The Linguistic Review* 13, 143–164.

Nakamura, Masaru (1991) "On Null Operator Constructions," *Current English Linguistics in Japan*, ed. by Heizo Nakajima, 345–380, Mouton de Gruyter, Berlin.

中右実 (1994)『認知意味論の原理』大修館書店, 東京.

Nanni, Deborah L. (1978) *The 'EASY'-Class of Adjectives*, Doctoral dissertation, University of Massachusetts.

Napoli, Donna (1988) "Subjects and External Arguments: Clausal and Non-clausal," *Linguistics and Philosophy* 11, 323–354.

Napoli, Donna (1989) *Predication Theory: A Case Study for Indexing Theory*, Cambridge University Press, Cambridge.

Neale, Stephen (1988) "Events and Logical Form," *Linguistics and Philosophy* 2, 415–434.

Newmeyer, Frederick J. (1975) *English Aspectual Verbs*, Mouton de Gruyter, Berlin.

Noonan, Michael (1985) "Complementation," *Language Typology and Syntactic Description: Complex Constructions*, ed. by Timothy Shopen, 42–140, Cambridge University Press, Cambridge.

Omuro, Takeshi (1985) " 'Nominal' *if*-clause in English," *English Linguistics* 2, 120–143.

Ormazabal, Javier (1995) *The Syntax of Complementation: On the Connection between Syntactic Structure and Selection*, Doctoral dissertation, University of Connecticut.

Perlmutter, David M. (1970) "The Two Verbs 'Begin'," *Readings in English Transformational Grammar*, ed. by Roderick A. Jacobs and Peter S. Rosenbaum, 107–119, Ginn, Waltham, MA.

Pesetsky, David (1982) *Paths and Categories*, Doctoral dissertation, MIT.

Pesetsky, David (1991) *Zero Syntax*, Vol. 2, ms., MIT, Cambridge, MA.

Pesetsky, David (1995) *Zero Syntax: Experiencers and Cascades*, MIT Press, Cambridge, MA.

Pesetsky, David (to appear) "T-to-C Movement: Causes and Consequences," *Ken Hale: A Life in Language*, ed. by Michael Kenstowicz, MIT Press, Cambridge, MA.

Pettiward, Anna (1998) "ECM Constructions and Binding: Unexpected New Evidence," *WCCFL* 17, 552–566.

Piera, Carlos (1979) "Some Subject Sentences," *Linguistic Inquiry* 10, 732–734.

Pollock, Jean-Yves (1989) "Verb Movement, Universal Grammar, and the Structure of IP," *Linguistic Inquiry* 20, 365–424.

Postal, Paul M. (1971) *Cross-Over Phenomena*, Holt, Rinehart and Winston, New York.

Postal, Paul M. (1974) *On Raising: One Rule of Grammar and Its Theoretical Implications*, MIT Press, Cambridge, MA.

Postal, Paul M. (1993) "Some Defective Paradigms," *Linguistic Inquiry* 24, 347–364.

Postal, Paul M. and Geoffrey K. Pullum (1988) "Expletive Noun Phrases in Subcategorized Positions," *Linguistic Inquiry* 19, 635–670.

Potsdam, Eric (1996) *Syntactic Issues in the English Imperative*, Doctoral dissertation, University of California, Santa Cruz.

Potsdam, Eric (1997) "NegP and Subjunctive Complements in English," *Linguistic Inquiry* 28, 533–541.

Quirk, Randolph, Sidney Greenbaum, Geoffrey Leech, and Jan Svartvik (1972) *A Grammar of Contemporary English*, Longman, London.

Quirk, Randolph, Sidney Greenbaum, Geoffrey Leech, and Jan Svartvik (1985) *A Comprehensive Grammar of the English Language*, Longman, London.

Radford, Andrew (1988) *Transformational Grammar: A First Course*, Cambridge University Press, Cambridge.

Radford, Andrew (1997) *Syntactic Theory and the Structure of English: A Minimalist Approach*, Cambridge University Press, Cambridge.

Reuland, Eric J. (1983) "Governing *-ing*," *Linguistic Inquiry* 14, 101–136.

Rizzi, Luigi (1990) *Relativized Minimality*, MIT Press, Cambridge, MA.

Rizzi, Luigi (1991) "Residual Verb Second and the Wh-Criterion," ms.,

University of Geneve.

Rizzi, Luigi and Ian G. Roberts (1989) "Complex Inversion in French," *Probus* 1, 1–30.

Roberts, Ian G. (1985) "Agreement Parameters and the Development of English Modal Auxiliaries," *Natural Language and Linguistic Theory* 3, 21–58.

Rochemont, Michael (1989) "Topic Islands and the Subjacency Parameter," *Canadian Journal of Linguistics* 34, 145–170.

Rosen, Sara Thomas (1989) *Argument Structure and Complex Predicates*, Doctoral dissertation, Brandeis University.

Rosenbaum, Peter S. (1967) *The Grammar of English Predicate Complement Constructions*, MIT Press, Cambridge, MA.

Ross, John Robert (1967) *Constraints on Variables in Syntax*, Doctoral dissertation, MIT.

Ross, John Robert (1969) "Guess who?" *CLS* 5, 252–286.

Rundako, Juhani (1989) *Complementation and Case Grammar: A Syntactic and Semantic Study of Selected Patterns of Complementation in Present-Day English*, State University of New York Press, New York.

Safir, Kenneth (1983) "On Small Clauses as Constituents," *Linguistic Inquiry* 14, 730–735.

Safir, Kenneth (1985) *Syntactic Chains*, Cambridge University Press, Cambridge.

Safir, Kenneth (1993) "Perception, Selection, and Structural Economy," *Natural Language Semantics* 2, 47–70.

Sag, Ivan (1976) *Deletion and Logical Form*, Doctoral dissertation, MIT.

Sawada, Harumi (1985) "The Infinitival Marker 'To' and Aux System in English," *English Linguistics* 2, 184–201.

Solan, Lawrence (1979) "The Acquisition of Tough Movement," *Studies in First and Second Language Acquisition*, ed. by Fred R. Eckman and Ashley J. Hastings, 83–97, Newbury House, Rowley, MA.

Stowell, Timothy (1981) *Origins of Phrase Structure*, Doctoral dissertation, MIT.

Stowell, Timothy (1982) "The Tense of Infinitives," *Linguistic Inquiry*

13, 561–570.
Stowell, Timothy (1983) "Subjects across Categories," *The Linguistic Review* 2, 285–312.
Svenonius, Peter (1994) "C-Selection as Feature-Checking," *Studia Linguistica* 48, 133–155.
Travis, Lisa (1984) *Parameters and Effects of Word Order Variation*, Doctoral dissertation, MIT.
Vendler, Zeno (1967) *Linguistics in Philosophy*, Cornell University Press, Ithaca.
Wasow, Thomas and Thomas Roeper (1972) "On the Subject of Gerunds," *Foundations of Language* 8, 44–61.
Watanabe, Akira (1993a) *AGR-Based Case Theory and Its Interaction with the A-Bar System*, Doctoral dissertation, MIT.
Watanabe, Akira (1993b) "Larsonian CP Recursion, Factive Complements, and Selection," *Proceedings of the North East Linguistic Society* 23, 523–537.
Webelhuth, Gert (1992) *Principles and Parameters of Syntactic Saturation*, Oxford University Press, New York.
Williams, Edwin (1980) "Predication," *Linguistic Inquiry* 11, 203–238.
Williams, Edwin (1983) "Against Small Clauses," *Linguistic Inquiry* 14, 287–308.
Williams, Edwin (1984) "*There*-insertion," *Linguistic Inquiry* 15, 131–153.
安井稔・秋山怜・中村捷 (1976)『形容詞』研究社出版, 東京.
Zagona, Karen (1988) *Verb Phrase Syntax: A Parametric Study of English and Spanish*, Kluwer, Dordrecht.
Zanuttini, Raffaella (1991) *Syntactic Properties of Sentential Negation: A Comparative Study of Romance Languages*, Doctoral dissertation, University of Pennsylvania.
Zucchi, Alessandra (1993) *The Language of Propositions and Events: Issues in the Syntax and the Semantics of Nominalization*, Kluwer, Dordrecht.
Zwicky, Arnold M. (1971) "In a Manner of Speaking," *Linguistic Inquiry* 2, 223–233.

索　引

あ　行

一様性の条件（uniformity condition）
　141
1項述語　13, 73, 76, 138
一致型の［+WH］C　43, 60
稲田　25
今井・中島　17
意味上の主語　52
意味選択　40
迂言的助動詞　172, 184
右方移動　19, 25
右方転位　64
音声形式部門（PF）　182

か　行

外項　13
外置　29–32, 34, 64
架橋動詞　20, 28
格　21
格抵抗原理　23
確定性　59
格フィルター　22, 49, 63
仮定法　167
仮定法過去　167
仮定法現在　167, 171
仮定法節　167–71, 174, 177, 180, 190
可能未来（possible future）　68
感情述語（emotive predicate）　67
間接疑問縮約　43
間接疑問文　16, 17, 41, 56, 61
間接使役　124, 125
（間接）感嘆文　17, 56–58, 60–63
機能範疇　10
規範的構造具現（CSR）　39, 40, 47, 62, 173

疑問文　16, 56, 58
旧情報　27
句　1
空演算子（Null Operator）　136, 137
空範疇原理（ECP）　33
句構造　1
句構造規則　2, 3
屈折辞　174
屈折要素　8, 9
句範疇　5
繰上げ動詞（raising verb）　74, 77, 81, 87
繰上げ分析（raising analysis）　100, 102
繰上げ補文　80, 89
経験者　18
形容詞句　3
形容詞不定詞補文　129
語彙概念構造（Lexical Conceptual Structure: LCS）　114
語彙記載目録　12
語彙項目　12
語彙範疇　5
語彙目録　12
語彙論的仮説（lexicalist hypothesis）　140
行為名詞（action nominal）　86, 87
項構造　13, 18, 39, 40
交差制約　30
構成素　2
構成素否定　178
合接的同格句　46, 58
痕跡　9
コントローラー　75
コントロール（control）　75

コントロール動詞　86
コントロール補文　89, 129

さ　行

最終手段の原理（Last Resort Principle）　156
最小連結条件（Minimal Link Condition: MLC）　114
最大投射　6, 32
3項述語　125, 127, 135
使役交替　85
時制辞　175
時制節　51
指定部　7
指定部・主要部の一致　42–44
従属節　9, 10
主語から主語への繰上げ（Subject-to-Subject Raising: SSR）　72
主語から目的語への繰上げ（Subject-to-Object Raising: SOR）　99, 102, 105
主語繰上げ動詞（subject-raising verb）　70, 76, 82
主語繰上げ補文　77, 78
主語コントロール述語　130
主語コントロール動詞　70, 75–77, 83
主語コントロール補文　77–80, 97
主語・助動詞倒置　11
主題　12, 39
述部副詞　176
主要部　3–5, 8, 9
主要部から主要部への移動　182
主要部先頭　7
主要部統率　33
主要部末尾　7
小節補文（small clause complement）　143, 145, 146
障壁　34
情報構造　27, 171
叙実述語　58, 59, 168
叙実的前提　58, 59, 62, 168
所有格動名詞（Poss-ing）　149–52
新情報　27
接辞　9, 174
接辞移動　9, 174, 182
絶対時制　68
ゼロ that 節　32, 34, 37, 39–41, 50, 51
選択疑問文　16, 45
選択制限　45, 72
潜伏感嘆文　61, 63, 64
潜伏疑問文　47, 49
相助動詞　173, 174, 177
相対時制　68
相動詞（aspectual verb）　68, 84
挿入句　171
束縛原理 A　81
束縛原理 C　103, 157

た　行

対格主語（accusative subject）　99
対格動名詞（Acc-ing）　149, 150, 153–55
対格動名詞補文　156
断定的述語　46, 168, 171
知覚-ing 補文　121, 158, 159, 163
知覚裸不定詞補文　121–23
抽象名詞　20
直接使役　124, 125, 127
直接知覚　120, 121, 163
直接知覚補文　120, 123, 163
直説法　167, 168
直説法節　168, 169, 172
定形節　15, 174
定形動詞　15
定形補文　15, 16
出来事（Event）　87
適性主要部統率　33
同位要素　7, 19
同格節　50
統語範疇　2
動作主　12, 39
動詞句　1, 2

動詞句前置 8
投射 7, 12
投射原理（Projection Principle） 101, 102
統率子 53
動名詞 149, 150
動名詞補文（gerundival complement） 65

な 行
内項 13
内心構造 4
2項述語 13, 75, 76, 106, 125, 127

は 行
場所 39
派生名詞 20
裸不定詞（bare infinitive） 119
裸不定詞補文（bare infinitival complement） 69, 119, 164
発話様態動詞 27–30
パラメータ 7
範疇素性 50
非一致型の［+WH］C 43, 44
非繰上げ分析（non-raising analysis） 100, 102, 106
非現実（Irrealis） 79, 83, 84, 86, 169, 173
非叙実述語 59
非対格動詞 23, 73, 74, 84
非定形節 15
非定形補文 65
否定構成素前置 53–55
否定対極表現 57, 105, 180
否定の作用域 178, 179
付加移動 32, 36, 37
不確定性 45
深さ制限 169
付加詞条件 25
付加部 5, 6
不定詞節 51, 52

不定詞補文（infinitival complement） 65–70
分詞補文（participial complement） 65, 157
文主語 26
文否定 178, 180, 181
文副詞 38, 176, 183, 187, 188
文法項 12
平叙文 16, 17, 57
変形操作 11
変項 45, 59
法助動詞 9, 171, 172, 174, 175, 177, 184
補部 5, 6
補文 10
補文標識 10, 16, 65–67
補文標識 that の省略 19, 28, 30–32, 170

ま 行
名詞が導く不定詞補文 140
名詞句 1, 2
名詞節 21, 22, 50
命題 18, 19, 37, 39–41, 60, 62, 78, 79, 81, 82, 86, 111–13, 169
目的語から主語への移動（Object-to-Subject Raising: OSR） 133, 134
目的語コントロール動詞 94, 124
目的語コントロール補文 94

ら・わ 行
離接的同格句 46, 58, 60
隣接性条件 102, 182
例外的格付与（EMC） 24, 100
連結動詞（linking verb） 89
論理形式（LF） 45
話題化 26, 32, 34–37, 49

A～Z
A′束縛関係 30
Agent 12, 39

be 動詞　173, 175, 177, 184, 187, 189
begin 類　84, 85, 87, 89
believe 類　90–96, 98, 99, 101, 107
believe 類の小節補文　145, 148
Bošković　37, 114
Bresnan　45, 109, 110
c 統御　33, 34, 178
certain 類　138, 139
Chiba　169, 170
Cinque　29
claim 類　83
CP　10
CP 指定部　10
Culicover　53
D 構造　11, 12
Doherty　37
eager 類　130–32
easy 類　130, 134, 135
-ed 分詞補文　157, 163
expect　118
Experiencer　18
GB 理論　33
Grimshaw　59
have　125, 126
have 動詞　173, 175, 177, 184, 187–90
Have・Be 繰上げ　175, 187, 190
hope 類　115–17
how 型感嘆文　57
if　16, 17, 41–43
if 節　49–51, 55
-ing 分詞補文　157, 158
IP　8
IP 削除　44
Kayne　29, 33, 53
Lasnik and Saito　103
let　127–29
Location　39
m 統御　33, 34
make　125, 126
Nakajima　40, 50, 51

NegP　178, 180–82
of 動名詞（of-ing）　150–52
persuade 類　90–97, 99
Pesetsky　48, 113, 114
PolP　53–55
Postal　99
PP　3
pretty 構文　137, 138
pretty 類　130
PRO　52
PRO 動名詞補文　149
PRO の定理　52, 53
Proposition　18, 39
Q　47
Ross　25
S　2, 8
S 構造　11
sorry 類　130–32
Stowell　23, 24, 26, 32, 35, 37
that 節　18, 19, 20–27
Theme　12, 39
θ 規準（θ-criterion）　96
θ 役　12, 39, 40
tough 移動　133
tough 構文　133–37
try 類　83
VP 削除　175, 183, 185, 186, 189
wager 類　91, 111–14
want 類　90, 106–11
want 類の小節　148
want 類の小節補文　146, 147
Webelhuth　37
wh 移動　11, 38, 42
wh 疑問文　11, 42
wh の島　30
[+wh] 素性　16, 42
[−wh] 素性　17
whether　16, 17, 41–43, 51, 52, 58
whether 節　49, 50, 55
X′ 理論　7–10
yes-no 疑問文　16, 45

〈著者紹介〉

原口庄輔(はらぐち　しょうすけ)　1943年生まれ．明海大学外国語学部教授．

中島平三(なかじま　へいぞう)　1946年生まれ．東京都立大学教授．

中村　捷(なかむら　まさる)　1945年生まれ．東北大学文学部教授．

河上誓作(かわかみ　せいさく)　1940年生まれ．大阪大学大学院教授．

桑原和生(くわばら　かずき)　1965年岐阜県生まれ．獨協大学大学院外国語学研究科博士課程修了．博士(文学)．現在神田外語大学外国語学部助教授．論文:「文体倒置のシンタクス」(高見健一編『日英語の右方移動構文──その構造と機能──』(ひつじ書房，1995)所収), "Multiple Wh-Phrases in Elliptical Clauses and Some Aspects of Clefts with Multiple Foci," (*MIT Working Papers in Linguistics* 29: *Formal Approaches to Japanese Linguistics* 2, 1996)

松山哲也(まつやま　てつや)　1971年東京生まれ．東京都立大学人文科学研究科修士課程修了．現在東京都立大学人文学部助手．主要論文: "Transparent Infinitival Complements to Certain Control Verbs," *Proceedings of TACL Summer Institute of Linguistics* (1996), "Transparency in Bare Infinitival Complements in English and Overt Feature Movement," *English Linguistics* 16, No. 2, (1999).

英語学モノグラフシリーズ　4
補文構造

2001年5月15日　初版発行

編　者	原口庄輔・中島平三　中村　捷・河上誓作
著　者	桑原和生・松山哲也
発行者	浜松義昭
印刷所	研究社印刷株式会社

KENKYUSHA
〈検印省略〉

発行所　研究社出版株式会社
http://www.kenkyusha.co.jp

〒102-8152
東京都千代田区富士見2-11-3
電話 (編集) 03(3288)7755(代)
　　 (販売) 03(3288)7777(代)
振替 00170-2-83761

ISBN4-327-25704-4　C3380　　Printed in Japan